空室率40%時代を生き抜く!

「利益最大化」を実現するアパート経営の方程式

[増補改訂版]

大谷義武・太田大作 著

幻冬舎 MC

［増補改訂版］

空室率40％時代を生き抜く！

「利益最大化」を実現するアパート経営の方程式

アパート経営圧迫の３要素

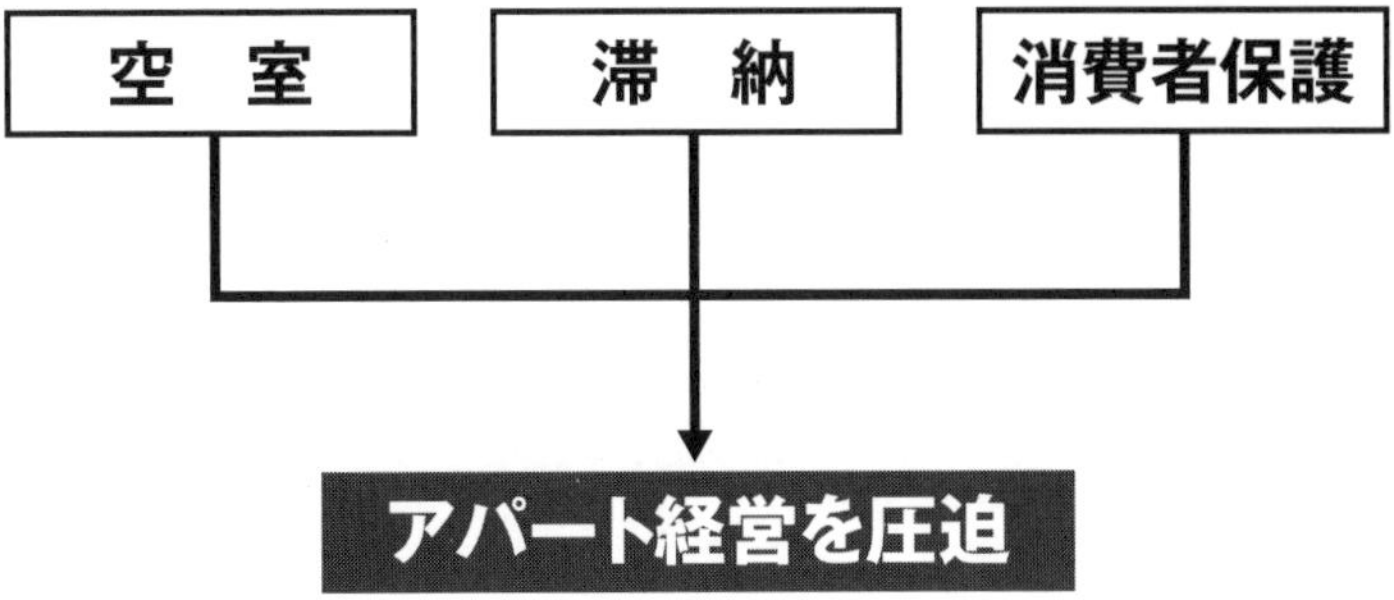

ってもらえない、契約書に退去時のリフォーム費用負担が明記してあるのに支払ってもらえないという一昔前ではまったく考えられない状況が賃貸市場で起きています。

つまり、アパート経営においては、売上を上げる（入居者を獲得する）ことと、得られるべき売上金を入居者から回収する（家賃、更新料を支払ってもらう）ことが課題となってきています。

これら二つの要素が相まってアパート経営が、昔のように何もしなくても家賃が入ってきて利益の出るものではなく、工夫しなければ利益が出ない厳しい環境になってきているということです。

一作目の『年収１０００万円から始める「ア

本書の内容

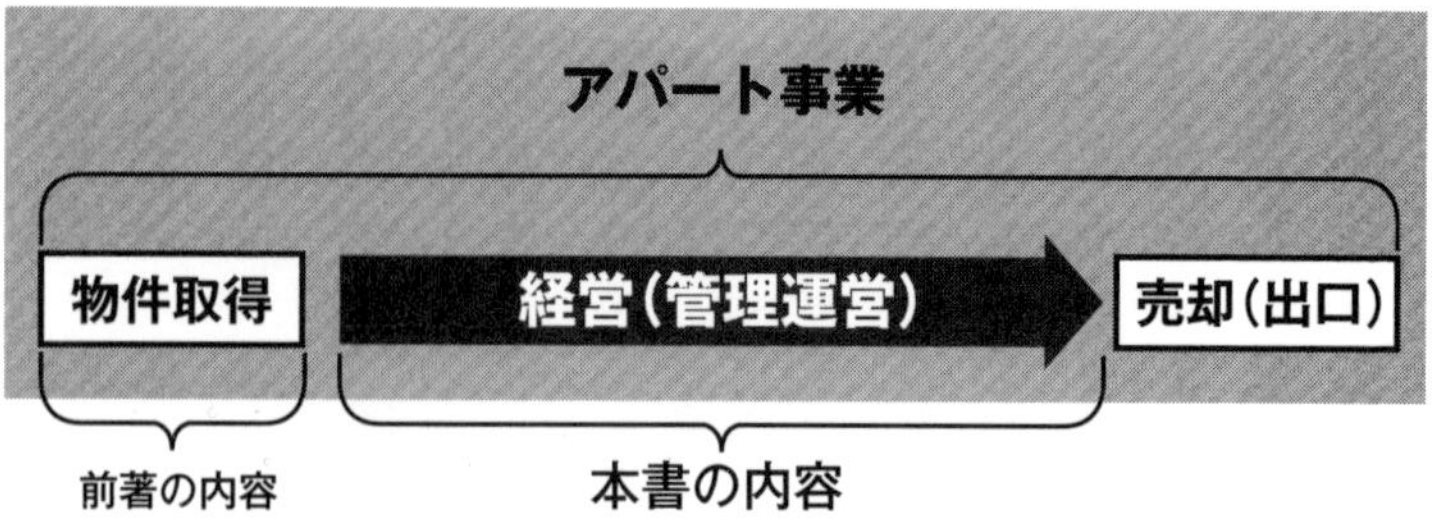

パート事業」による資産形成入門』はお陰さまで多くの方からご好評をいただきました。しかし、一作目においては、どのように物件を買えばよいかという物件取得までのお話が主で、取得してからの経営（管理運営）についての内容は簡単に触れただけで終わっていたのも事実です。

一作目の書籍にて、アパート事業は、購入の段階で「適切な物件」を「適切な価格」で「適切な資金調達」で取得できるかどうかでその成否が9割方決まると述べました。

しかし、アパート事業においては、その運営の仕方次第（保有期間の経営のやり方）で差が出てくることも事実です。まして、今後の厳しい環境（大空室時代）においては、なおさらその傾向は強くなるでしょう。

物件を取得し、経営（管理運営）することを含めてアパート事業です。本書ではこの経営（管理運営）の部分にスポットを当てています。そのため、本書は前著の続編（運営編）と位置付けることができますので、前著も併せてご覧いただければ、より理解が深まるのではないかと思います。

つまり、アパート事業における運営面の重要性は、今後より一層高まっていき、そして非常に大きな問題となることは間違いありません。

適切な物件取得（建築）をすることと、その後適切な経営（管理運営）を行うことが、アパート事業を成功に導くための重要な要素となるのです。

このような状況において、あなたのアパート経営は、10年後も安泰と言えますか？

この質問に、胸を張って「はい」と答えられるアパートオーナーさんは少ないでしょう。特に、一生懸命勉強しながらアパート経営を行っている方であればあるほど、危機意識が強くなっているのが実情です。

まして、このような厳しい環境の変化に対して、次の二つの大きな点からなかなか解決が難しくなっています。

一つはアパートオーナーさんの意識の問題です。

どうしても戦後長らく住宅不足の時代が続いたわが国においては、アパートオーナーさんに市場における競争に勝利して利益を上げていくという意識が乏しいのです。アパート経営というのは本来、資本主義社会における競争であるはずなのに、何もしなくても入居者が入り利益が出ていたためです。

さらには、二つめとして、不動産業界（賃貸管理業界）の仕組みそのものに問題があります。具体的に言えば、アパートオーナーさんが管理を委託する管理会社の問題です。

アパート・マンションの賃貸管理業界で行われている管理手法は大きな問題（矛盾）をはらんでいるシステムで、必ずしもオーナーさんの利益を確保できるものではないからです。管理会社も住宅不足の時代を前提にしたシステムとなっているため、この時代の変化にそぐわなくなってきています。この古い管理システムでは、とても今後の厳しい環境に対応できる状態ではありません。

では、今後のアパート経営において利益を出すためにはどうすればよいのでしょうか？

これに対する答えが本書にあります。

まずは、オーナーさんの認識の問題です。すべてはここが出発点になります。

アパート経営を取り巻く環境を理解した上で、市場競争に勝つという意識を持ってアパート経営に取り組む必要があります。


選択肢は二つです。

一つめは、オーナーさん自らがアパート経営のプロフェッショナルとして専門知識・ノウハウを身に付けアパート経営を行うことです。

二つめは、自らの代わりにアパート経営を行ってくれるプロフェッショナルを探し経営を委託するというものです。このプロフェッショナルとは従来型の管理の範囲を大きく超えた本当の意味でのアパート経営のプロフェッショナルです。

新しい管理方式「プロパティマネジメント型(ＰＭ型)」管理

当社は、現在アパートオーナーさんから経営を委託された約２０００戸の管理運営を行っております。

ぱっと見は同じアパート管理ですが、その経営（管理運営）方式は従来型の管理とは一線を画すものです。

本書では当社が実践しているこの「プロパティマネジメント型（ＰＭ型）」の経営（管理）手法をご紹介いたします。

当社は、もともと賃貸アパート・マンション（収益用不動産と言います）の販売を主な事業としております。その販売した投資家（お客様）へのサポートとして管理ビジネスを始めていますので通常の管理会社と生い立ちが異なります。

あくまでも、当社のお客様の利益を最大化するためのお手伝いという視点に立った**投資家目線の管理システム**です。

今回、当社が日々行っている実務で得られたノウハウを余すところなく公開しました。

簡単に申し上げれば、「**プロが行うアパート経営**」です。12〜13ページの図の通り、オーナーさんの行うべきアパート経営を代行するという立場で、アパート経営のプロとしてオーナーさんの利益を最大化するために行う経営代行業務です。

詳細は本書にてご説明しますが、まったく今までの管理会社の手法とは異なる立ち位置、方法によって取り組んでいることがおわかりになると思います。

この管理運営方式は、当社が実際に管理事業（ＰＭ）を平成21年1月より開始し、現在約２０００戸（毎月管理戸数は大きく増えています）の賃貸管理の実務を実践し、結果を残してきたノウハウであり実例です。

現在当社では、管理物件の年間入居率で言えば、96％超を達成するまでになりました（もちろん入居率だけが管理ではなく、一要素ですが）。

本書はその実務に基づいた、アパート経営の現場での実例を理論立てて普遍化し、落とし込んだ形でご紹介しています。そのため、最近流行りの、アパートオーナーさんの成功体験を著した書籍の類とは一線を画すものとなっています。それらの体験本はあくまでもその方の個別事情に基づいて書かれていますので、他の方に当てはめることは難しいからです。

アパート経営を突き詰めていけば、空室の問題はもちろん重要ですが、それだけではありません。経営という視点に立てば、利益を出し、最大化することが求められ、そのための様々なことを実行する必要があります。本書では「利益最大化」を実現するための方法を七つの方程式に要約しております。この七つを常に考えながらアパート経営に取り組めば、自ずと「利益最大化」は実現できるはずです。


当社の実践する新しいアパート経営の方式を、一人でも多くのアパートオーナーさんに知っていただき、実践していただくことで、アパート経営が利益の出る事業となるように、という願いから本書を執筆しました。

の「プロパティマネジメント型」管理

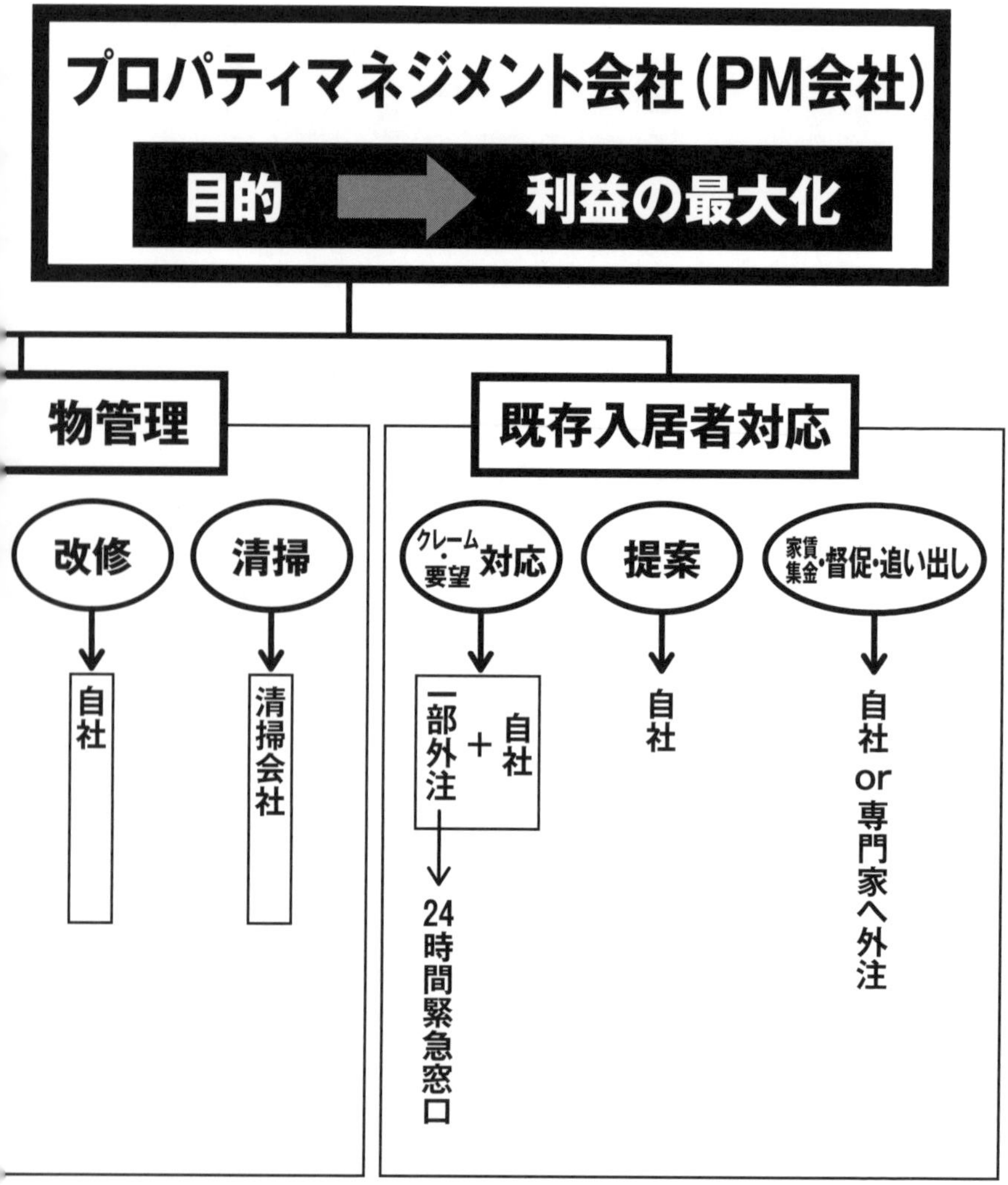

オーナーの利益を最大化するため

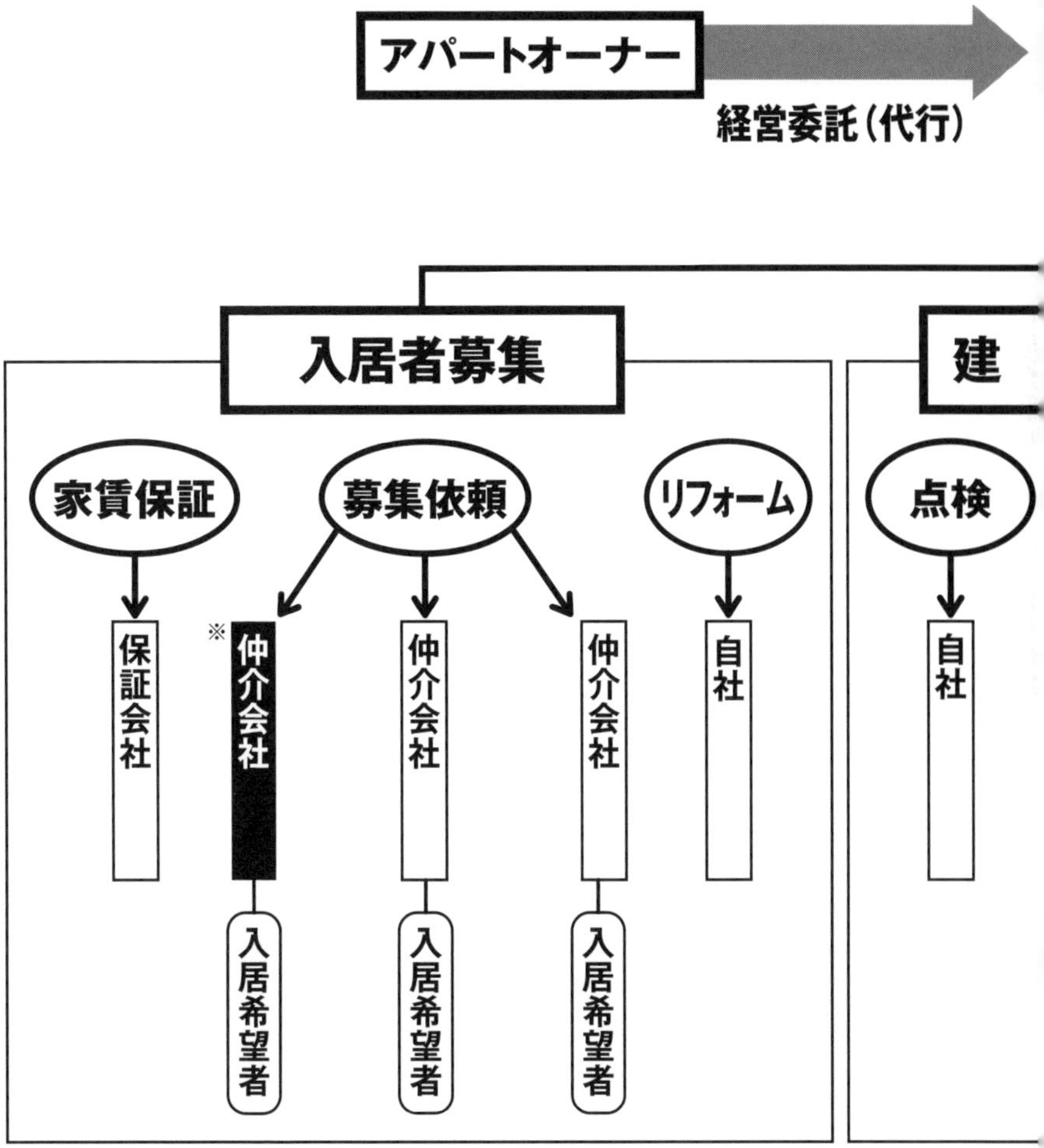

※通常の管理会社の立ち位置。

本書の使い方としては、自主管理されているオーナーさんは、当社の実践している手法をそのまま取り入れ、ご自分で実践することができます。
また、管理会社に管理を委託されているオーナーさんについては、このような管理方式があるというのを知っていただき、現在の管理会社のやり方が正しいのかどうかを判断する材料とすることができます。また本書でご紹介する方式を現在の管理会社に依頼し、実践してもらうことも可能です。さらに、管理会社を選定（変更）するに当たっては選定の判断基準として使っていただければと思います。

アパート事業は利益を出さなければいけません。たとえ相続税対策のために建てた方にとっても利益が出なければオーナーさんはアパート経営を続けていくことができないからです。そして、その利益を最大化することがオーナーさんの目的のはずです。

本書がアパート・マンションの賃貸市場に新たな一石を投じ、一人でも多くのアパートオーナーさんのお役に立てれば幸いです。

令和3年4月　大谷義武

（注）

・本書に定義する「アパート」とは賃貸用共同住宅全般を指し、構造を問うものではありません。

・できる限り平易に書いたつもりですが、専門的にならざるを得ないところもあり、重要なポイントをあえて繰り返し表記しているところがあります。

・「募集」は入居者を募るため、賃貸仲介会社に依頼して間接的に入居者を探す行為として、「仲介」、「客付け」は入居者を直接見つける行為としての意味で使用しています。

・賃貸仲介会社は複数の賃貸仲介店舗を経営しているケースもあり、文脈に応じて（賃貸）仲介会社と（賃貸）仲介店舗を使い分けて使用しております。

・「営業マン」は男性だけでなく女性も含む意味で使用しています。

CONTENTS

3章 現在の管理会社（賃貸管理業界）の問題点

4章 「プロパティマネジメント型（PM型）」管理とは

5章 空室を埋めるリーシングマネジメントとは

8章 オーナーが押さえておくべきリスク管理

1章

アパート経営を取り巻く環境

わが国におけるアパート経営を取り巻く環境が大きく変化しています。その変化もアパートオーナーさんにとっては厳しい変化です。まずは自らの戦う市場環境を理解することが必須です。本章では現在のアパート経営を取り巻く状況をご説明いたします。

1-01 人口減少とアパート供給過剰

戦後一貫して増え続けたわが国の人口が、平成17年（2005年）を境に減少に転じました。出生数を死亡数が上回ることで、今後日本の人口はますます減少し、左図の通り、令和47年（2065年）には9000万人を割り込むまで減少することが予想されています。

世帯数は、核家族化・個人化の流れを受けてしばらく微増が続くと予測されますが、最終的には大幅な人口減少に伴って、大きく減少していくことが確実です。

一方、新築アパートの供給は、大手ハウスメーカーを中心に相変わらずやむことをしりません。部屋を借りたいという需要が明らかに少なくなっていくにもかかわらず、供給だけが続いていくという状況です。

需要と供給のバランスで言えば、明らかに供給過剰の状況が生まれ、その状況が加速しているのです。

平成30年（2018年）に発表された全国平均の空室率（空き家率）は13%を超えており、当社の営業エリアである関東の空室率も、17%を超えています（総務省統計局 住宅・土地統計調

2010〜2060年までの人口推計

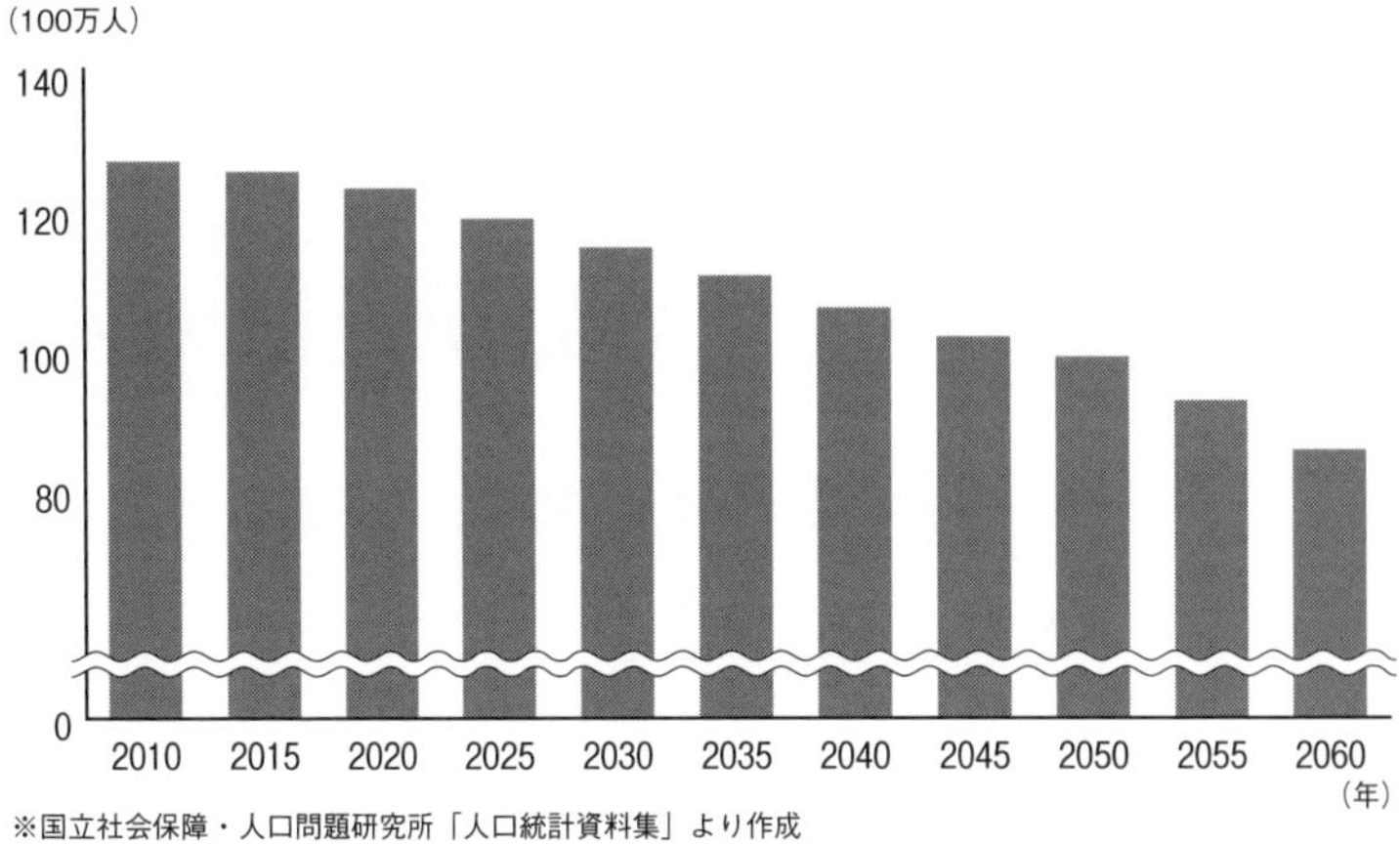

※国立社会保障・人口問題研究所「人口統計資料集」より作成

査より）。

今後空室率は増加の一途をたどり、**令和22年（2040年）には空室率が40％前後になるという予測まで**あるくらいです（野村総合研究所調査より）。

空室率が上昇するということは、家賃が下落していくことと同義です。そして、空室率が40％になるというのは家賃が40％下がることを意味します。家賃10万円の部屋が6万円でなければ入居者が決まらなくなる、と言えばご理解いただけるでしょうか。オーナーさんにとっては、単純に売上が4割減少することにほかなりません。しかしながら、固定資産税や借入金の金利等の経費はほとんど変わらないのです。

人口減少および供給過剰による需給関係の大きな変化により、アパート経営が非常に厳しくなっていくことがおわかりいただけるかと思います。

もちろん、日本全国一律に空室率が高まっていくわけではありません。国全体の人口減少という大きな流れはありますが、人の住むところと住まないところで、空室率の二極化が進行していくことになります。具体的に言えば、大都市に人口が集中する一方、地方都市や郊外が過疎化するのです。

こういったエリア間の二極化が進行していくことは間違いありません。

以上から、アパート経営を行うに当たっては、アパート経営のやり方とともに「所有物件の立地」が今まで以上に重要になっていくことがおわかりになると思います。

1-02

大競争時代に突入した賃貸市場

借り手が減って貸し手が増えれば、当然、賃貸市場の入居者獲得競争は激しくなり、その競争の度合いは年を追うごとに激化していくでしょう。

市場競争というのは、他の業界では特に珍しくはなく、当たり前のことです。しかしわが国においては、「部屋が空けば、何もしなくてもすぐに次の入居者が決まる」という住宅不足の時代が長く続いていたため、賃貸市場に競争という概念はありませんでした。

貸し手同士で競争する必要などなく、オーナーさんが入居者に対して「部屋を貸してやる」という態度でした。貸し手優位の時代だったということです。

ところがこれからは、同エリア内における競争が激化し、「隣のアパートは満室なのに、自分のアパートは空室だらけ」という事態が当たり前のように起こる時代になることが予想されます。アパート経営のやり方によって、勝ち組と負け組がはっきり分かれてしまう、アパートの二極化現象が起きるのです。

「入居者に選ばれるアパートと選ばれないアパート」

それが明確に分かれてくるでしょう。

しかし、資本主義経済において競争はある意味当たり前の原理です。今まで賃貸市場は数少ない例外の一つでしたが、今後は他の業界と同じように、競争市場になっていくというだけのことです。その競争に勝ち残っていくためには、「競争の中での経営」という意識を持って、様々な工夫を実行していく必要があります。

今はまだ快適に感じられるかもしれませんが、賃貸市場という環境は、少しずつ温度が上昇しているお風呂のようなものです。ただ漫然と現状に甘んじていると、気がついたときには入っていられない温度になってしまい、ゆでガエルのようになったオーナーさんは、経営悪化により、市場からの退場を余儀なくされてしまいます。

ですから当然、水で埋めたり、火力を調整したりと、対策を講じる必要があります。アパート経営も競争社会に突入したという認識のもと、手を打たなければなりません。アパートオーナーさんはどのように生き残っていくかということを、真剣に考えなければいけない時代になってきたのです。利益を出すための企業間競争と同様の現象が、アパート経営の世界でも今後本格化していくということです。

1-03 アパート経営最大の敵は空室

需給バランスの変化により大競争時代に突入した賃貸市場において、アパート経営を行う上でオーナーさんにとっての最大の問題は空室です。自分のアパートに入居者が入らないために賃料が得られないという状況ですから、企業で言えば、売上が上がらない、もしくは極端に下がってしまうということですので、当然、死活問題となります。

つまり、これからのアパート経営の肝は、まずは**いかに空室を埋めることができるか（入居者を獲得することができるか）**という点に尽きるでしょう。

ただし、空室を埋めるためにコストを無制限にかけるわけにはいきません。あくまでもアパート経営は利益を出さなければいけないものだからです。すなわち、**できるだけ費用をかけずに空室をどうやって埋めるかがアパート経営の本質**とも言えます。

そこで、これからの時代にアパート経営において生き残っていくためには、競争に勝って利益を出していくための専門知識とノウハウが不可欠となります。専門知識とは、不動産そのものに関する知識、税務・法務の知識、改修工事の知識・ノウハウ、入居者募集（リーシング）のスキル、さ

空き家数および空き家率の推移

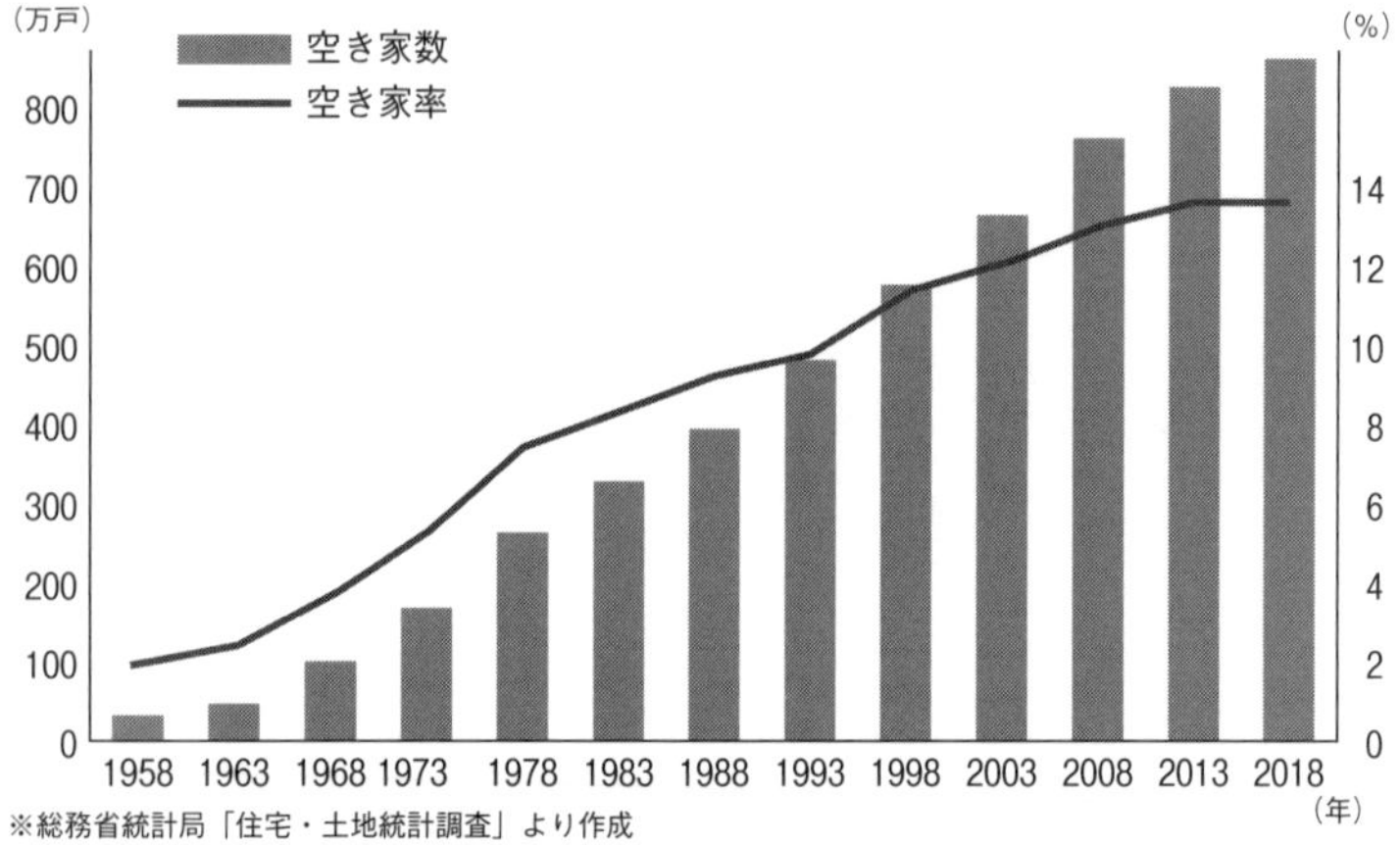

※総務省統計局「住宅・土地統計調査」より作成

らには人に気持ちよく働いてもらうためのコミュニケーションスキルであったりというものです。そして、競争社会においては、専門知識やノウハウは高度化していきますので、それらをより多く（深く）身に付けるための努力が必要となります。

現在のような、インターネットの普及が爆発的に進んだ情報氾濫社会においては、少しでも有利な条件で部屋を探そうと、入居希望者の目が厳しくなっています。供給過剰によって、多くの空き部屋の中から選び放題という状態です。

これだけ時代が変わり、需要と供給のバランスが変化している状況下、住宅不足の時代のような考え方や方式がそのまま通用するわけがないのは、容易におわかりいただけるでしょう。

そうです、もう今までのやり方では、空室は埋まりませんし、利益も出ません。

にもかかわらず、この業界において、この変化にきちんと対応しているオーナーさんや管理会社は、残念ながらまだ極めて少数であるというのが現実です。

それは見方を変えれば、早い段階でこの変化を見抜き、早い段階から対応を始めるオーナーさんだけが、この競争社会において生き残るための大きなアドバンテージを得ることができるということでもあります。

1-04

滞納問題

前項まででアパート経営を行うに当たっての市場環境（需給関係）の変化を述べてきました。端的に言えば、「今までのような売上が上がらなくなってきている」というものです。

しかし、アパート経営を取り巻く環境は需給環境だけではありません。「社会的な流れ」も大きく影響を及ぼしてきています。入居者はいるけれども、家賃など入居者から当然得られるべき収益を得られない。それが**家賃などの滞納の問題**です。

当社にご相談に来られるオーナーさんの物件の中には、自主管理で放っておいたために、全体の7割以上の部屋で滞納が発生しているものもあります。滞納金額の累計が3000万円にも上るといいますから、驚くほかありません。

滞納の問題は、オーナーさんの収益を大きく圧迫する要因です。なぜなら、家賃を回収できなくても、帳簿上（P／L上）は未収金という形で売上が立ってしまうからです。売上があるのに収入にならない（現金がない）。これは経営的に非常に厳しい状況です。

さらに、滞納者を退去させるためには、多額の費用がかかります。日本には借地借家法という法律があり、1、2カ月家賃を滞納した程度では簡単に退去させられません。いわゆる法的措置（強制執行）によって退去させるとなれば、1年以上の年月と訴訟等の費用がかかるのです。

つまり、**滞納は、オーナーさんにとって収入が入らないのに帳簿上の利益だけが立ち、税金や退去費用だけかかってしまう非常に深刻な問題**なのです。

オーナーさんは、入居者を入れるのが目的ではありません。入居者を入れてその入居者から家賃を回収する（お金を払ってもらう）ことが目的です。その点において家賃滞納は、ある意味で空室よりも深刻な問題と言えるでしょう。

オーナーさんからすると、空室が目立ってくれば誰でもいいから入ってほしいと願います。一方で変な入居者を入れてしまうと家賃滞納に引っかかってしまう――というジレンマに陥っています。

家賃滞納の原因として、大きく二つの背景が考えられます。この二つがそれぞれ単独に、もしくは相互に関連して生み出している問題と言えます。

一つめは、経済状況の悪化（不景気）による入居者の収入の減少です。不景気により会社が倒産したり、リストラされたり、給料やボーナスが減らされたりという事情により、経済的に困窮し、今までの家賃が払えなくなってしまうというものです。

そして、二つめの理由が、入居者のモラルの低下（喪失）です。

物件の管理をしていて痛感するのは、日本人のモラルが非常に低下しているという事実です。一昔前、「家賃は必ず支払うもの」というのは当たり前のことでした。しかし現在、その当たり前が一部の人にとっては当たり前でなくなっているということです。

もっとも、子供の学校の給食費を払わない親が多くいる今の時代、家賃の滞納くらいでは驚かないかもしれませんが。

彼らは「払えるのに払わない」ということですので、非常にたちが悪いのです。督促のための電話をしても意図的に電話に出なかったり、電話に出たとしてもいわゆる「逆切れ」（逆に文句を言ってくる）したりするケースが多いのも特徴です。

日本経済の不況による収入の減少とモラルの低下が相まって、滞納問題は深刻化の様相を呈しています。そして、滞納は毎月の家賃だけではなく、更新料（3章）や退去したときの修繕費用（退去負担金／8章）にも含まれる問題なのです。

これらの滞納は「いかに防ぐか」ということが重要ですが、その方法は8章で詳しくご説明いたします。

1-05 消費者保護という社会的な流れ

滞納に続く「社会的な流れ」の二つめは消費者保護という流れです。「弱者」保護とも言われています。

具体的には原状回復工事の費用負担の問題などがわかりやすい例です。滞納が、入居者が一方的に支払わないという性質であるのに対し、原状回復工事は「支払義務自体が争いになる」のです。

以前であれば、退去時点において入居者は入居した時点の状態まで戻す（原状回復する）のが当然とされていました。つまり、原状回復工事は基本的に入居者の負担で行う工事だったのです。しかし、現在は違います。

入居に伴って劣化したクロスや床の汚れは「家賃の対価」であるとして、基本的にはオーナー負担となってしまっているのです。これは、国土交通省のガイドラインや「東京ルール」に代表される条例においても定められています。

そのため、たとえ賃貸借契約書に「入居者負担」となる旨が明記してあったとしても、訴えられればオーナーは負けてしまうケースも多いのです。

このような消費者保護という流れの中で、オーナーの費用負担増加は避けられません。まして、賃料（売上）が上昇する状態の中であればまだしも、賃料が下がっていく中でのコスト増はアパート経営を圧迫することになります。

最終的には最高裁で「有効」という形で決着しましたが、少し前は**更新料**の問題もありました。詳しくは107ページのコラムをご参照ください。

更新料とは、1年もしくは2年に一度の契約更新時に、家賃の1～2カ月分を入居者がオーナーさんに支払うものです。

その支払う内容をお互いに合意し、賃貸借契約書に明記しているにもかかわらず、入居者が更新料を支払いたくないということで裁判を起こし、裁判で更新料が「無効」である（支払わなくてもよい）という判決が続いたのです。

更新料はオーナーさんにとって貴重な収入です。それを無効とされては、オーナーさんの収益は圧迫されるのは必至です。

更新料が無効である判決の根拠となったのは、平成13年施行の消費者契約法という法律です。また平成21年には消費者庁が設立され、入居者は消費者であり「弱者」であるから、守らなければいけない対象――という考え方が一般化しました。

アパートオーナーは「資産家」であり、「お金持ち」なのに対し、賃借人（入居者）は「貧乏人」

アパート経営を取り巻く環境

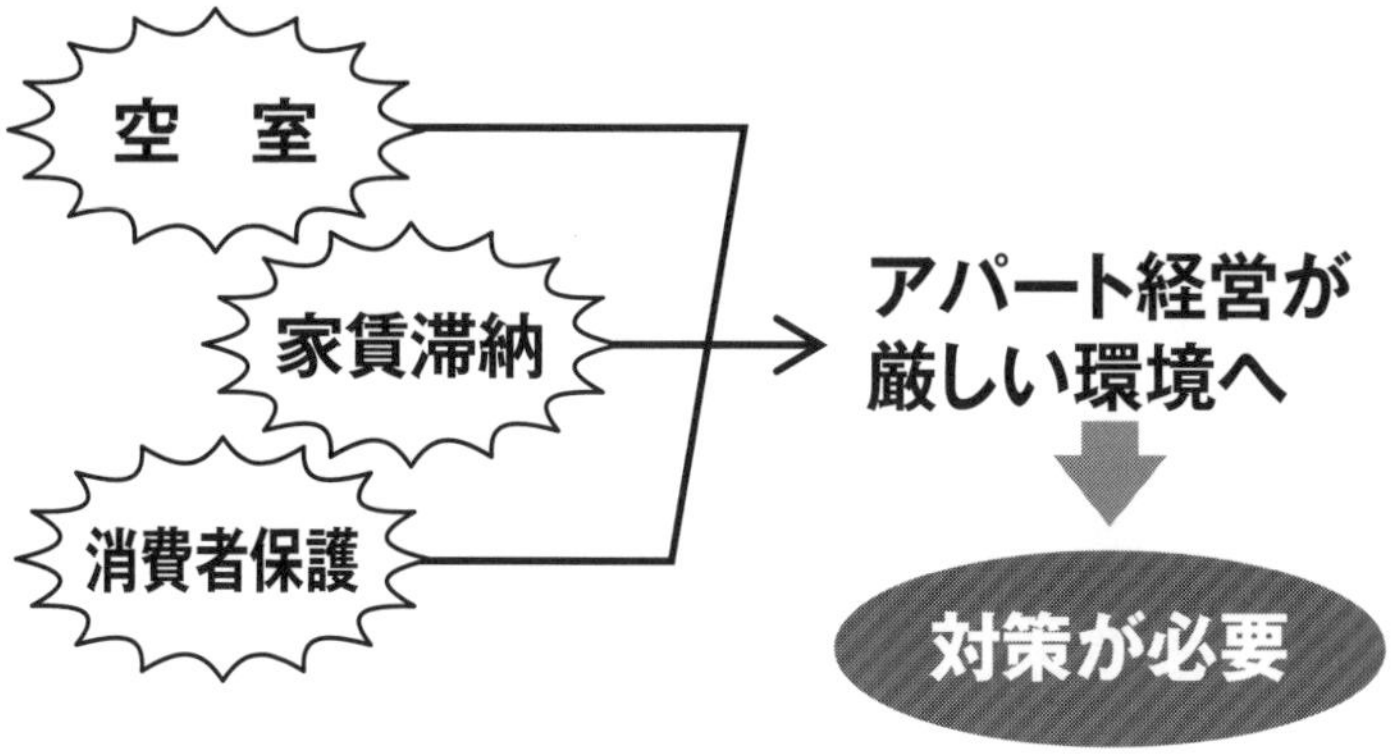

であり、「弱者」だから守らなければいけない、というわけです。

このように、**消費者保護という社会的な流れがアパート経営を行う上で非常に大きな「逆風」となっています**。

需給のバランス（空室）、家賃等の滞納、消費者保護という三つの要素が重なり、今はオーナーさんにとって厳しい状況であることは異論がないでしょう。本書ではこれから、これらをうまく乗り越え、かわし、利益を上げていく方法をお伝えしようと思います。

column 1

「督促規制法案」廃案でオーナーは救われた

民主党政権時代の平成22年、賃貸業界を震撼させた「督促規制法案」なる法案が成立しかけました。本法案の骨子は、「家賃滞納に対する督促のやり方に規制を設け、制限する」というものです。結果的に事実上の廃案となりましたが、この法案が成立をしていたら、まともに賃貸経営などできなくなってしまうというほど大きな影響を持つ法案でした。

以下は法案の要旨です。実際の法案はもっと長いのですが、ポイントだけを書くとこのようになります。

【要旨】

家賃保証会社および滞納者検索データベース運営会社に対する登録制度を設け、行政（国土交通省）の監督下に置く。

家賃を支払わない賃借人（家賃滞納者）に対しての管理会社、家賃保証会社、家主による督促に対する規制を明記。違反した場合の罰則を設けている。
悪徳な追い出し（業者）を排除し、入居者（賃借人）の安定的な住環境を整備することを目的とする。

一見するともっともらしいのですが、次の条項が本法案最大の問題点でした。

・家主、管理会社、家賃保証会社は、賃借人から家賃を回収するにあたって、手紙、電話、訪問等いかなる手段をもってしても威迫してはならない（第61条）。
・第61条に違反した場合、懲役2年以下もしくは３００万円以下の罰金に処する（第73条）。

つまり滞納者に対して督促をし、その督促の仕方が入居者に脅威を与えると捉えられれば、管理会社、保証会社、さらにはオーナーさんまで処分されるという内容です。そして、その処分の内容は刑事罰であり、懲役刑となってしまうこともあるのです。

どのような行為が「威迫」に当たるかという定義は法案にありませんでした。それだけに、入居者の受け取り方次第で、多くの行為が「威迫」になってしまいかねない、非常に大きな問題をはらんでいるものでした。

しかし法案が成立してしまえば従わざるを得ません。**事実上滞納に対する督促ができなくなる**のではないか、というのが当時の賃貸業界の見方でした。

諸外国と比べわが国では、借地借家法や消費者契約法の存在により、賃借人（入居者）は過度に保護されていて、滞納も頻繁に起こります。さらにその度合いを強めた決定的な法案が成立するというのはオーナーさんにとっては脅威であり、消費者保護の行き過ぎであると言わざるを得ません。

悪質な滞納は、ある意味で「泥棒」と一緒です。泥棒に入られた店主（オーナー）もしくは店員（管理会社、保証会社）が泥棒を捕まえようとしたら、泥棒から「脅された（威迫された）」と通報され、泥棒ではなく、泥棒を捕まえようとした側（オーナー、管理会社、保証会社）が逮捕され懲役になってしまう――。「督促規制法案」とはそういう事態を現実化させる、笑うに笑えない法案だったのです。

このような法案が国会で真面目に審議され、成立の一歩手前のところまでいきました。幸いにして同法案は最終的に事実上廃案となりましたが、オーナーさんたちは戦々恐々でした。非常にシリアスな問題だったのです。

損害をこうむるのはオーナーさんたちだけではありません。賃貸業そのものが成り立たなくなれば、関連する様々なビジネスが成り立たなくなります。賃貸業は日本の産業の中でも基幹産業であり、経済全体に与える影響が大きいのは自明です。

何はともあれ、このような無謀な法案が成立しなかったことは賃貸業界、さらには日本全体にとっても幸いなことだったと言えるでしょう。

2章

アパート経営とは

そもそもアパート経営というのはどのようなものなのでしょうか。ここでは、アパート経営の社会的な役割から、必要とされる業務内容までを解説いたします。

2-01 アパート経営の社会貢献性

アパート経営は事業であり、オーナーさんの目的が、この事業を通じて利益を追求することなのは、言うまでもありません。

同時に、社会的に存続しうる事業（企業）には、社会的使命（社会的意義）が求められるのも事実です。社会的使命とは、その事業が社会に存在する理由であり、言い換えれば社会貢献性です。つまり、事業を通じて社会にどう貢献していくか、ということです。

企業はそれぞれの社会的使命を持って事業を遂行しています。

当社の事例で恐縮ですが、当社は社会的使命を次のように考え、日々、事業を行っています。

「私たちは資産運用のお手伝いにより、お客様およびそのご家族の将来にわたる経済的安心、心の安心、ひいては人生における安心を提供します。そのために、良質な賃貸物件を創造・供給し、入居者様の住環境の質の向上を実現し、快適な暮らしを提供します。三方よしの経営を体現し、これらを通じて、日本全体の社会の活性化に寄与することを私たちの社会的使命とします」

では、アパート経営における社会的使命とはどこにあるのでしょうか？

アパート経営の社会貢献性

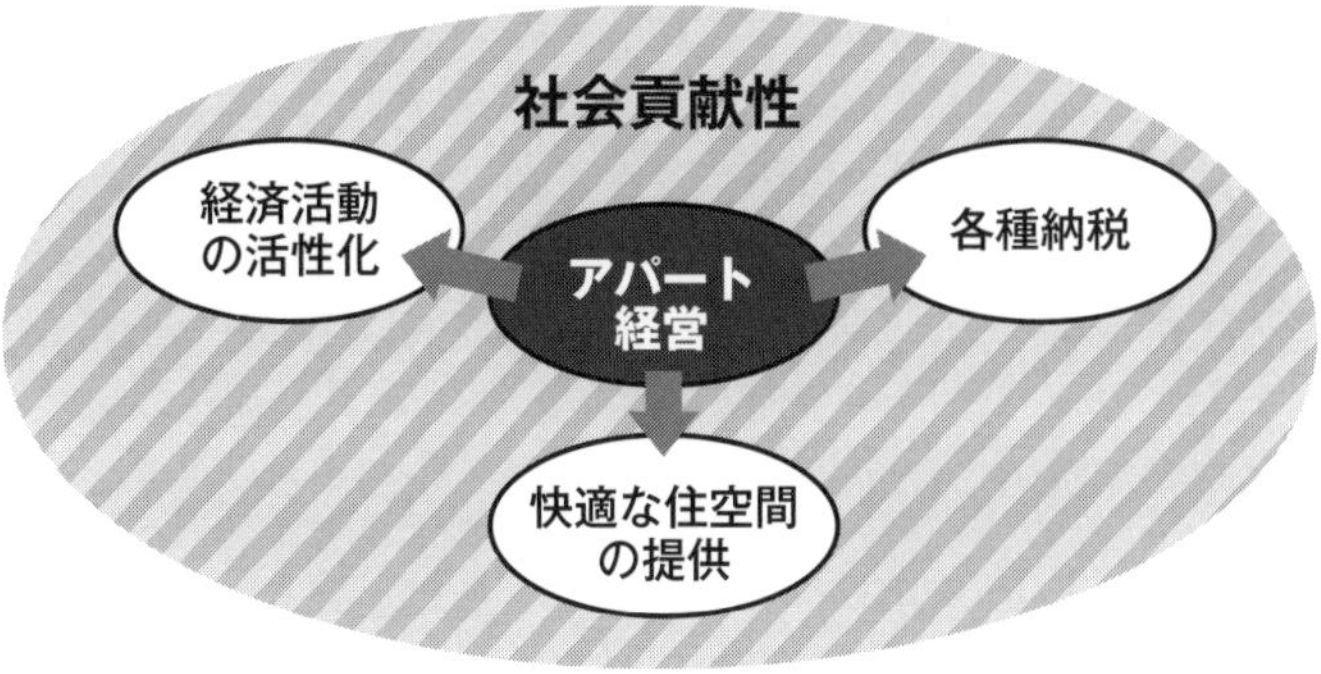

アパートオーナーはアパート経営を通して
様々な形で社会貢献を行っている。

まずは、**入居者の方々に対して、快適な住空間を提供する**という点が挙げられます。世の中に賃貸アパートがなければ、多くの方の住むところがなくなり、困ってしまいます。

その方たちに住居を提供し、さらには、より快適に住んでもらえるように努力をすることで、オーナーさんは社会に貢献していると言えるでしょう。その対価として家賃等を得ているのです。

また、アパート経営を行い、リフォームを行う、管理を委託する、といったことを通じて、周囲に経済効果を生み出しています。

加えて、固定資産税・所得税等の税金を国や都道府県、市区町村に納めることでも、社会に貢献していると言えます。

このように、アパート経営は利益を追求するべきものであると同時に、その前提として社会貢献性を有していることを、きちんと認識する必要があります。

2-02

アパート事業の持つ投資的側面と経営的側面

アパート事業は、一種の装置産業であり、売上の根拠となる家賃がある程度一定のため、飲食事業といった他の事業ほど運営面における結果の差が大きくありません。そのため初期設定が重要になります。**初期設定とは、「適切な物件」を「適切な価格」で「適切な資金調達」で取得すること**です。

これは、中古のアパートを購入する方だけでなく、もともと土地を持っている地主さんにも当てはまります。適切な物件（間取り、構造、戸数等）を適切な価格で建てることが重要ですし、資金調達が必要な場合には、適切な借り入れが求められます。

この取得の段階、および売却時の段階が、いわゆるアパート事業の持つ「投資」的な側面です。どの物件をいくらで買って（建てて）、いくらで売るかということです。

いくら管理運営を努力しても、この初期設定を間違えてしまえば、その後の努力も生かされなくなってしまいます。初期設定の重要性がおわかりいただけるかと思います。

そして、本書で主に述べるのが、**物件保有期間における「経営」的な側面**です。

方程式①「アパート事業」の方程式

アパート事業 ＝ 投資 ＋ 経営

投資
・物件を買う（建てる）
・物件を売る

経営
・保有期間中の管理運営

前章でご説明した環境の悪化により、管理・運営面での重要性が高まっています。つまり、物件取得後（建築後）の適切な管理運営が求められているのです。適切な初期設定ができれば管理運営は非常にやりやすくなると言えるでしょう。

しかし、せっかくの良い物件でも、管理運営で手を抜いてしまったり、やり方を間違ったりしてしまえば、この大空室時代には収益は減っていく一方です。それではオーナーとして生き残ることは難しいでしょう。手を抜かず、最善の管理運営ができて初めて、事業として利益が出るようになります。

オーナーさんは「アパート事業は〝初期設定〟および〝管理運営〟を適切に行わなければ利益の出ない事業である」という認識を持って、取り組む必要があります。

2-03 オーナーの目的は利益を最大化すること

アパート事業におけるオーナーさんの唯一無二の目的は、アパート事業によって利益を上げることですし、その**利益を最大化すること**です。

アパート事業におけるすべての活動はこの1点にどうつながるか、という判断で行うことが重要になります。そして、利益を最大化するためのポイントは大きく2点に集約されます。

一つめの目的は、**「物件保有期間中の利益を最大化すること」**です。つまり、保有期間における収入と支出の差を最大化することです。これはキャッシュフローを最大化することと同義です。

アパート経営の面白いところは、その保有期間（アパート経営期間）の売上や利益が、株式や投資信託等の投資と異なり、「経営の仕方」に左右されるという点です。

現在はバブル以前のように毎年不動産が値上がりする時代ではありません。すると、売って儲けるというのは難しいのが実情です。すると、**どうやって保有期間の利益を最大化するか、ということが非常に重要**になってきます。

二つめの目的は、物件を売却する場合には、できるだけ高く売却することです。そのためには**「物件の資産価値を維持・向上させること」**が求められます。

アパート事業は、長期保有のスタイルが原則です。不動産会社やファンドのように、短期の資金を借りて転売をすることが目的ではありません。長期の資金を調達し、物件を取得（建築）していますので、いついつまでに売らなければいけないという性質の事業ではありません。もちろん半永久的に保有することも可能です。

しかし、利益確定のための出口戦略（運用方針）として物件を売却することも視野に入れる必要があります。まして、相続等の事情により、売却せざるを得ない状況がないとも限りません。そのためには、常に物件の資産価値を高め、いつでも良い条件で売却できるようにしておく必要があります。

これは、会社経営をしているオーナー兼社長が、出口戦略としてその会社（株式）を売却することを想定すればわかりやすいでしょう。

資産価値とは、市場価値ということで、要はいくらで売れるかということです。

先ほど申し上げた通り、現在の市況は右肩上がりで上がっていく市況ではありません。どちらかと言えば横ばいもしくは下がっていく状況です。

方程式② 「アパート事業利益最大化」の方程式

アパート事業の利益 ＝
（売却額 − 取得額）＋（収入 − 支出）

・キャピタルゲイン（ロス）　　・キャッシュフロー

賃貸アパートの市場価値（物件価格）は基本的には**収益性**から成り立ちます。収益性の高い物件ほど市場価値は高くなります。年間家賃収入が1000万円の物件と1200万円の物件では、後者の方が高くなるということです（もちろん入居率も重要ですが）。なぜなら**家賃収入からの逆算（利回り）によって物件価格は決まる**からです。

つまり、建物がボロボロの状態であったり、大きな故障を抱えていたりするような物件は、適切な賃料を取れませんので、資産価値が下がってしまいます。常に建物の状態を良好なものとしておくことが、市場価値を高める上でも、保有期間中の収益性を高める上でも、さらにはリスク管理の面からも重要になってきます（ただし、コストを度外視して改修工事を行えばよいというものではありません）。

2-04

「収入－支出＝利益」を常に考える

アパート事業においては、利益を最大化することを求めるべきであると先述しました。
そして、アパートの保有期間、つまりアパート経営期間においては、必ず収入と支出（費用）のバランスを考える必要があります。これは会社経営とまったく同じことです。

単純な話ですが、
収入－支出＝利益
となります。

アパート経営の場合、収入に相当するのは主に家賃収入（他に、礼金や更新料等）です。いかに高い家賃を取るか、そしていかに空室率を減らし、稼働率を上げることで家賃収入を最大化するかが大きなポイントになります。

そのためにはどのような管理運営体制（入居者募集体制）を構築するかが重要であり、そのために最も効率的なリーシングマネジメントが重要になります。これに関しては、5章で詳しくご説明します。

さらには、売上＝収入とならないことを前章でご説明いたしました。つまり、滞納等の理由により、契約書に書いてある賃料をそのままもらえるわけではありません。

収入＝売上（契約賃料等）×回収率なのです。

いかに滞納をなくし、回収率を１００％に近付ける仕組みを作るかが重要になります。

一方、アパート経営における支出（費用）は、アパートの運営・維持のために必要な支出（費用）です。

まず、固定資産税や水道光熱費、エレベーター維持費等の定期的に発生する費用があります。これは、基本的に入居率とは連動しない固定費に相当します。

そして、売上（家賃収入）を上げるためにかかる支出（費用）があります。いわゆる変動費であり、例えば入居者を入れるために賃貸仲介会社に支払う広告料が代表的なもので、入居者の募集に当たって室内をリフォームする費用もこれに該当します。

いくら家賃が入ったところで、出ていく金額がそれ以上に大きければ利益は出ません。5万円の家賃の部屋に入居者を入れるために、100万円のリフォーム費用をかけることは明らかに合理的ではないのです。

利益を出すためには、「入り」も重要ですが、「出」も重要になってきます。

しかし、日々管理の実務を行っていると、「入り」にだけ目がいって、「出」に対して無頓着になってしまっている方が多いように感じます。入居者が決まるのならばと度を超えた高額なリフォーム（リノベーション）をしてしまっては、意味がありません。

ご自宅であれば、悪く言えば自己満足の世界ですから、好きなように費用をかけることは決して悪いことではありません。

しかし、**アパート経営は、いかに支出を抑えて（費用をかけずに）収入を高めるかという、企業経営とまったく同じもの**です。この視点に立ってアパートを経営していく必要があるということに気付いた方だけが、この大空室時代（逆風時代）に生き残ることができるのです。

一方、「出」にだけ目がいって必要な工事を行わないケースも散見されます。現在の部屋余りの時代においては、室内を一定レベルのクオリティにしなければ家賃を下げたからと言って決まりません。もったいないと言って室内リフォームをまったくしなかったばかりに空室が増え、そのこと

方程式③「保有期間中利益最大化」の方程式

保有期間中の利益 ＝ 収 入 － 支 出

方程式④「手取り収入最大化」の方程式

収入 ＝ 売上（契約賃料等）× 回収率

・売　上：家賃、礼金、更新料 etc.

・支　出：固定費：固定資産税 etc.
（費用）　変動費：広告料、リフォーム費用 etc.

でまたリフォームできない（支出ができない）という悪循環に陥ってしまうのです。

最低限の室内リフォームは必ず行うべきです。また、水が漏れているので排水管を取り替えるというケースがあります。このケースは、リフォームのように部屋がきれいになるわけではないので、オーナーさんにとって達成感がありません。出費を渋りたくなります。

しかし、建物を維持するためには絶対に必要な支出です。

要は、「入り」と「出」のバランス、さらにはその内容をよく吟味して判断することが重要なのです。

2-05 アパート経営の三つの主要業務

アパート経営（事業）の目的は利益の最大化にあるとご説明しました。

では、そもそもアパート経営にはどのような業務があるのかを見ていきましょう。そして、その**それぞれの業務はすべて利益を最大化するために行うという視点が重要**です。

57ページの図と合わせてご覧ください。

アパート経営に関わる主要な業務は、大きく分けて三つあります。

①入居者募集業務
②建物管理業務
③既存入居者対応業務

これらの業務を、利益最大化の観点から行っていくのがアパート経営です。

次からは、それぞれの業務の詳細について見ていきたいと思います。

アパート経営の３つの主要業務

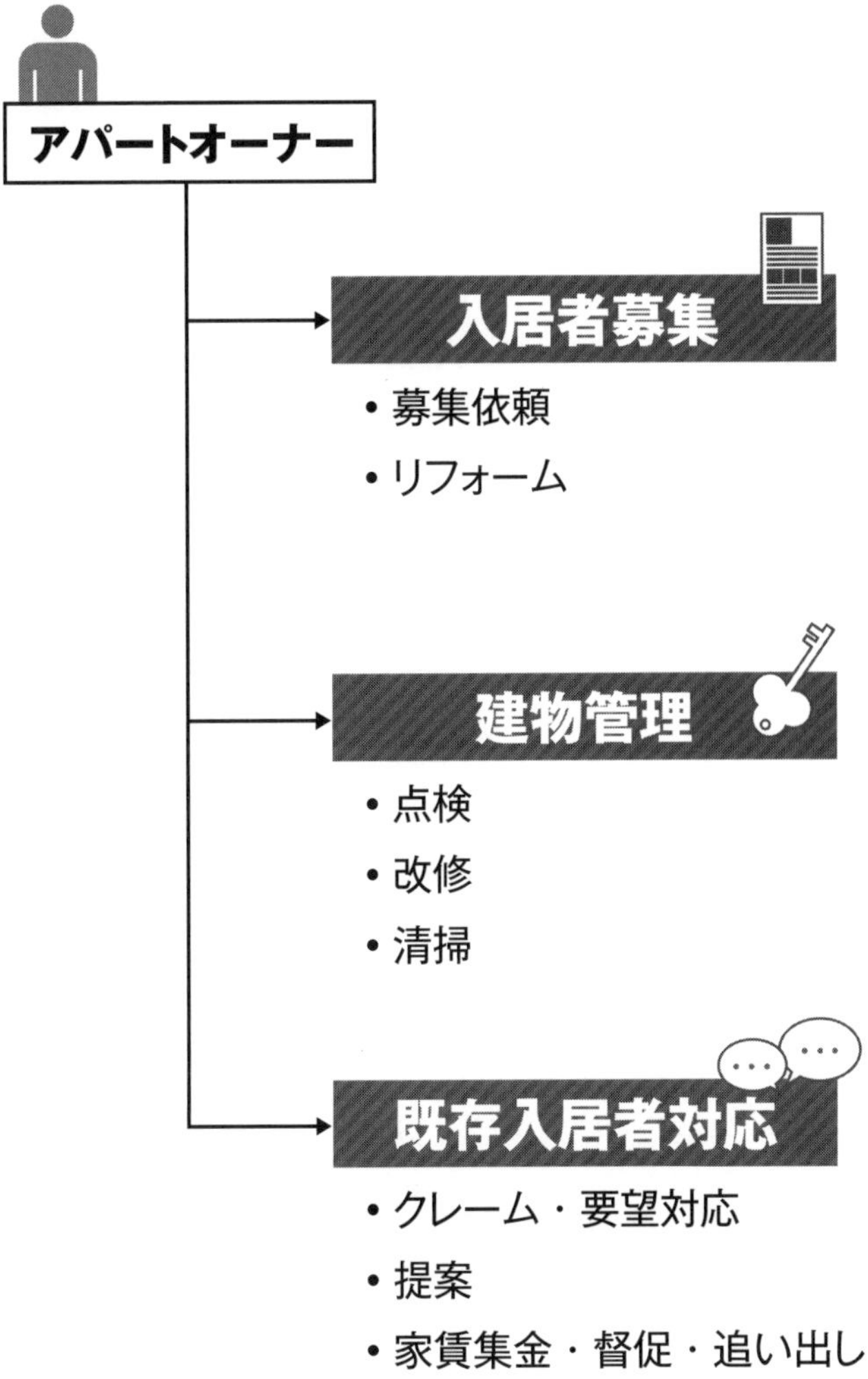

2-06 入居者募集業務

まずは入居者募集業務からご説明いたします。

簡単に言えば空室をどうやって埋めるか（空室をどうやって「売る」か）、という業務です。この業務はこれからの大空室時代（部屋余りの時代）において、**アパート経営で最も重要な業務**となります。

賃貸アパートにおいては、一定の割合で必ず退去が発生します。つまり空室が出ます。これをいかに早くかつ高く埋めるか（入居者を入れるか）ということが重要です。

オーナーさんは、空室を埋めるためにはどのようにすればよいのかを考え、工夫する必要があります。決してオーナーさんが自分で直接入居者を探す必要はありません。もちろん、最近は自分でホームページを立ち上げて直接客付けをされている方もいらっしゃいますが、やはり限界がありま す。

入居希望者を紹介してくれるところに依頼をするというのが通常の入居者募集業務です。この募集の仕方（依頼の仕方）が非常に重要であると覚えておいてください。客付け（リーシング）をしてくれる仲介会社をうまく活用するというもので専門的には**リーシングマネジメント**と言います。詳細は5章で述べますが、今後のアパート経営の成否を左右する、最も重要な要素であることは間違いありません。

また、募集業務の中には、募集をするための条件を整える仕事もあります。退去後の原状回復工事やリフォーム工事の手配です。

これらの業務を総合的に行うのが入居者募集業務です。

2-07 建物管理業務（ビルマネジメント）

建物管理業務とは、アパートの建物（ハード面）を維持管理するものです。大きくは清掃業務、点検業務、建物改修工事に分かれます。

清掃業務は、日常清掃と定期清掃に分かれます。1～2週に一度行うのが日常清掃業務で、ゴミをとったり、汚れているところを拭いたりする業務です。建物の規模や状況に応じて設定します。定期清掃は年に一度もしくは半年に一度くらいのペースで行う大規模清掃で、ブラシで共用部を清掃したりというものです。

オーナーさん自身で清掃を行ってもいいですが、任せるケースが多いのが実情でしょう。**できるだけ安くきちんとした清掃を行ってくれる業者を見つけ、依頼することが肝要**です。

点検業務は、**リスク管理の点から重要なもの**です。

火災保険、地震保険といった保険と同じように、万が一に備えるという面では保険と同様の性質のものと言えるでしょう。

消防点検やエレベーター点検が代表的なもので、ともすれば費用がかかるので実施していないアパートオーナーさんが多いのが実情です。しかし、万が一スプリンクラーが作動せず逃げ遅れたためにどなたかが死亡したということになれば、オーナーさんには法的な責任が問われることを忘れないでください。そのため**点検は、費用はかかっても必ず実施すべき**ものです。保険と同じように、きちんと行うことで安心感が得られ、結果的には利益を最大化することにつながるからです。

これらの点検関係はオーナーさんが自分でやるものではなく、基本的には専門の業者に依頼します。きちんと対応してくれる業者を厳選しましょう。


次に建物改修工事です。

建物は年数を経るごとに劣化していきます。アパートを経営する上では、建物の維持管理は重要な仕事です。すでに問題のある個所の修理だけではなく、先回りして修理（予防）をすることで修繕費を抑えるという工夫も必要です。**きちんと施工してくれる業者を選定し依頼することが重要**ですが、この業者選びが非常に難しいのも事実です。

これらの業務はともすれば無駄なコストのように思われがちですが、入居者に満足して住んでもらうという視点、つまり退去を防ぐという視点に立てば、必須であることがおわかりかと思います。

もちろん、ただやればよいというものではなく、先述の利益を最大化するという視点で行う必要があります。コスト意識を持って行うことが大切なのは言うまでもありません。とはいえ、安かろう悪かろうでは、建物を維持できませんので、適正な清掃、点検、工事を極力安い金額で行うためには、ここでも適正な業者選びが必要となってきます。

2-08 既存入居者対応業務

既存入居者対応業務は、大きく三つに分かれます。

一つめは、最も大切な**家賃集金業務**です。先述の通り必ずしも全員がきちんと家賃を払ってくれる時代ではなくなりました。オーナーさんにとっては、いかにもれなく家賃を回収するかというのが収益に直結します。

そのために、保証会社への加入や自動引き落としの設定といった仕組み作りは大切ですし、滞納に対する督促の方法、さらには悪質入居者の追い出しなどの対応も想定しておきたいものです。

二つめは、**入居者からの要望への対応**で、大きく二つに分かれます。

まず、クレーム対応です。

入居者からは、「水が漏れた」「水（お湯）が出ない」「隣の音がうるさい」など様々なクレームがありますが、**ポイントはすぐに対応すること**です。これが遅れると「対応が遅い」ということで二次クレームに発展してしまいますし、最悪の場合、退去につながってしまいます。当社の管理事例で言えば、水漏れ等の建物に関するクレーム対応は専門会社と提携しています。当社の専用回線を引くことで、24時間３６５日、即座に対応できる体制を整えています。

具体的には1時間以内に現場に急行し、その場で水漏れなどの処置ができる仕組みを構築しています。**すぐに現場に行き、その場で解決してしまうというのが大きなポイント**であり、この仕組みを導入してから退去数が劇的に減りました。これは、入居者が退去する理由として、管理会社の対応の遅さ、すなわち管理への不満があったことを意味しています。

先ほど、空室が出た場合、その空室をいかに埋めるかが重要である、というお話をしましたが、アパート経営においては、**そもそもどうやって空室の発生を抑えるか**（退去を少なくするか）という予防策が、「空室を埋める」という対応策と同様に大切です。

なぜでしょうか。それは、繰り返し述べていますが、これからはアパート供給過剰の時代だからです。家賃は基本的に下落していきますので、**過去に入った（現在入居している）入居者は、現在もしくはこれから入る入居者に比べ、家賃水準が高いのが一般的**です。

ということは、**その入居者の方にはできるだけ長く住んでいただくことが、経営的な観点では最も効率が良い**ということになるわけです。昔のように礼金が多く取れる時代ではなくなっている一方、入居者を募集するに当たっての広告料は増加する傾向にあります。また、退去後の改修工事も、ほとんどがオーナーさんの負担になっている状況ですから、退去が出るたびに工事費用もかかってしまいます。つまりオーナーさんにとっては、基本的には入居者が退去すると多額のコストがかかり、さらには家賃も下がってしまい収益を圧迫してしまうということです。

次に、契約関係に関する入居者からの要望です。特に最近多いのが家賃を下げてくれというものですが、この要望に対しては、個別的な要素を勘案し、対応することが肝要です。

建物の不具合等に対するクレームは無条件に即座に対応しなければいけないのですが、要望については利益を最大化するためにはという視点から、シビアに「要望を受け入れる、受け入れない」の判断をすることが重要です。

既存入居者対応業務の三つめは、**入居者への提案業務**です。

先述したように、いかに入居者の退去を減らし、長期入居につなげるかが重要という視点に立てば、受け身の対応だけではなく、オーナー側から入居者へ様々な提案をしていくことも求められます。入居者へ前向きな提案を行うことは、今後非常に重要な業務となっていくでしょう。

当社の管理事例で言えば、現在の入居者がずっと気持ちよく住み続けてくれるように、例えば長期で入居している人の部屋のキッチンやエアコンを無料で交換したり、お風呂に追い焚き機能を付けたりといったサービスを考案し、提案することで、既存入居者の流失を防いでいます。ただし、コストを無制限にかければよいというわけではありませんので、あくまでも費用対効果を勘案して行うことが大切です。

2-09 アパート経営業務の大半はマネジメントである

アパート経営の業務内容をご説明しました。ご覧いただいた通り、**アパート経営というのは基本的に各業務をマネジメントし、コントロールすること**です。

例えば入居者の募集業務。これはアパートオーナーさんが自分で客付けするわけではなく、仲介（客付け）してくれる会社に依頼をして入居希望者を紹介してもらいます。オーナーさんの役割は、客付け（リーシング）をすることではなく仲介（客付け）してくれる会社に依頼（リーシングマネジメント）することです。建物管理（ビルメンテナンス）でも、オーナーさんが自分で消防の点検を行うわけではありません。消防点検を行う会社を見つけ依頼するのがオーナーさんの役割です。原状回復工事やリフォーム等も同様で、業務を請け負ってくれる業者に委託し工事をしてもらうわけです。さらに緊急対応についても、オーナーさんが自分でやることもできますが、それでは夜眠るのもままなりませんので、外注することになります。

このように、オーナーさんの仕事とは、基本的に関係者をうまく使って（言葉が悪いのですが）、プロジェクトリーダーの立場で各仕事を差配することが中心となります。

オーナーの業務のほとんどはマネジメント

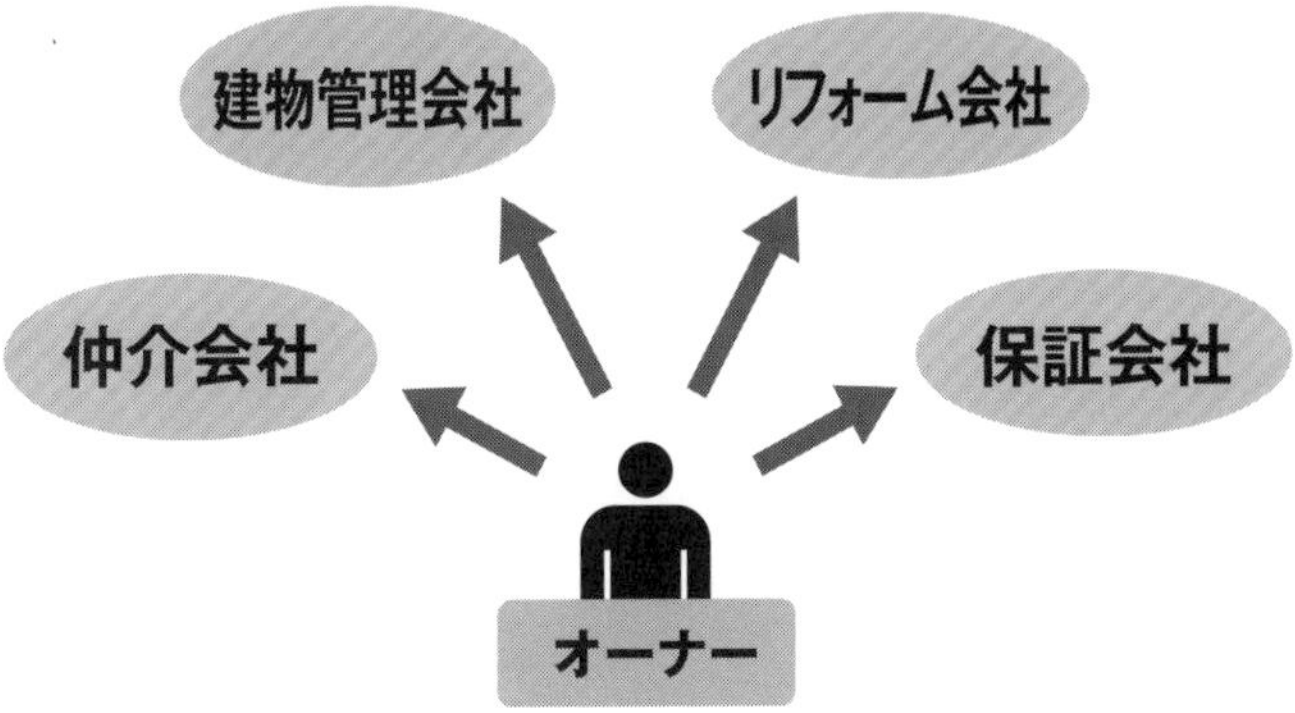

もちろん、入居者への提案などは、オーナーさん自身で行う重要な業務ですので、これを外注するわけにはいきませんが、ルーティン化している業務、特に実務に関してはすべて外注し、自身はそのマネジメントに徹するのです。そして、この業務はどの業者に依頼するかというのをすべて把握する必要があります。また、その業者の仕事内容の充実度を図るというのも重要ですが、難しいのも実情です。

さらに、いかに自分の仕事に対して各業者さんに最優先に動いてもらえるかというのが、アパート経営の非常に難しいところです。そのために、例えば、修繕工事など各業務に対する知識・ノウハウはもちろんですが、それ以上に**コミュニケーション能力はアパート経営を成功させる上で最も重要な能力**となります。

2-10 「守る経営」から「攻める経営」へ

今までのアパート経営と言えば、自主管理の場合なら、ただ家賃を集金し、空室が出れば入居者の募集を近くの不動産会社にお願いして、という形が主なものだったでしょう。管理を委託している場合であれば、近くの不動産会社（管理会社）に管理を「丸投げ」していました。自分のアパートの状態がどうなっているのか、極端な話、空室の状況すらも自分ではわからないといった状態で管理（経営）を行ってこられたオーナーさんが多いのが実情ではないでしょうか。

また、管理を委託されている不動産会社（管理会社）も、ただ家賃を回収し、入居者を募集してという姿勢で業務を行っているケースがほとんどでした。

例えば、入居者の退去という事実に対しても、何も工夫せず「とりあえず同じ条件で入居者を探してよ」と指示するだけのオーナーさん。請け負った管理会社も自社の店頭に空室のチラシを貼り、ただ入居者を待つだけ。このようなオーナーさんも管理会社も、ともにアパート経営に対して完全に「受け身」であり「守りの姿勢」と言わざるを得ません。

しかし、**今後のアパート経営は「ただ待っている」だけでは入居者は集まりません**。何も工夫し

守りの経営と攻めの経営

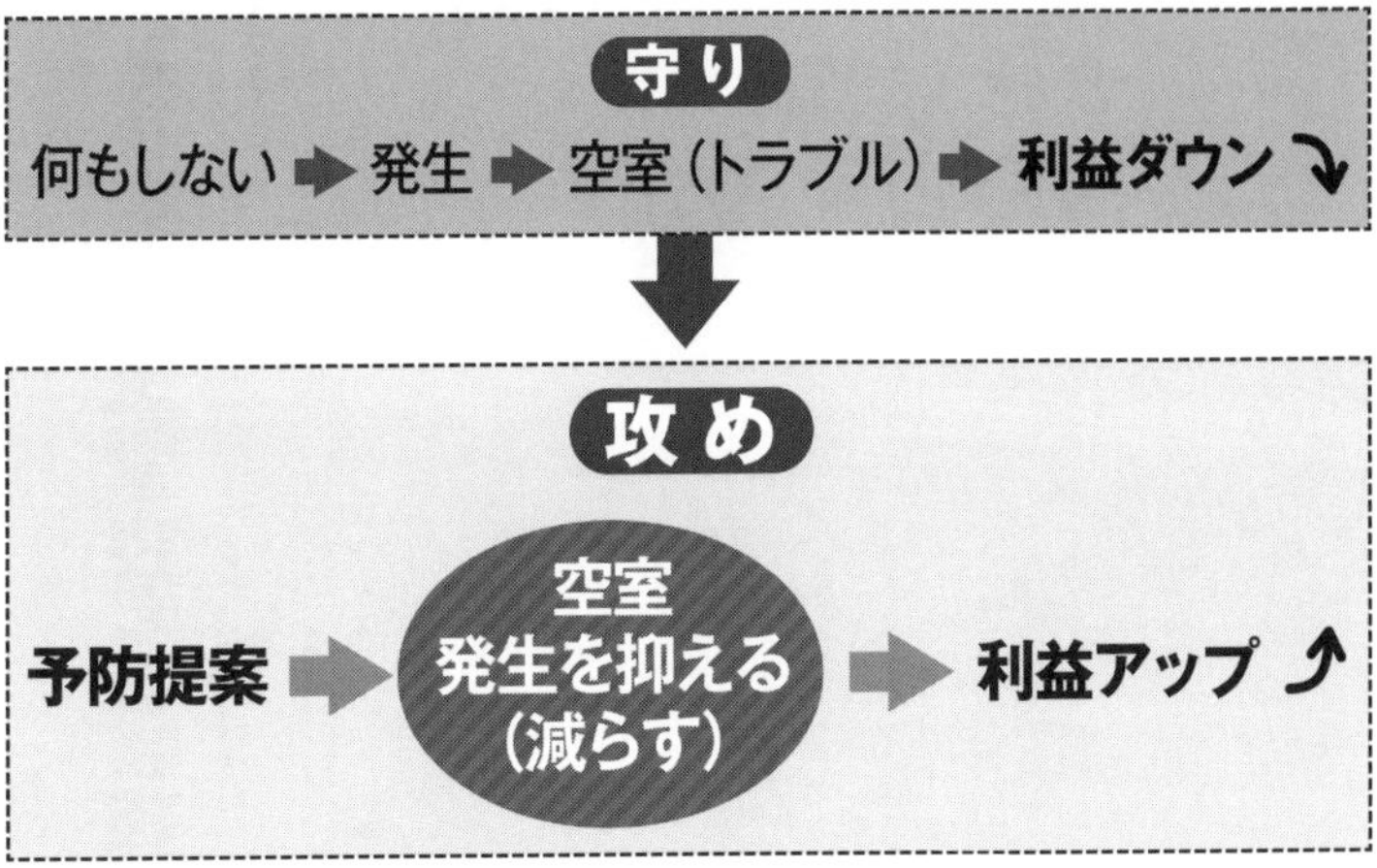

なければ家賃水準は下がっていきますし、空室は埋まりませんので、オーナーさんの利益が減っていくのは目に見えています。

どのようなリフォームをすればいいのか、仲介会社に最優先に入居者を紹介してもらうための工夫をして依頼をしなければなりません。さらには、退去をできるだけ発生させないというような工夫も必要でしょう。受け身の姿勢では、空室が増えていき利益は減っていく一方です。

オーナーさんは**能動的に、自ら考え、工夫し、行動を起こすという「攻める経営」をしなければ、今後は利益を得られない**ということです。

2-11 自主管理と管理委託（経営委託）

では、今後のオーナーさんの経営方法（管理運営方法）に関する選択肢としてはどのようなものがあるのでしょうか？

一つめは、**自主管理**です。

これは、自分でアパートを経営するということです。ラーメン店を経営する場合に、自分で店に立って店長として自ら経営（マネジメント）するということです。

アパート経営で言えば57ページの図の業務をすべて自分で行うというもので、専業の地主さん等はこの形式で経営されている方も少なくありません。

時間的、精神的な余裕がある方にとっては、自主管理は管理費がかかりませんので有効であると言えます。ただし、今までのように、ただ受け身でアパート経営をしているだけでは今後は生き残っていけませんので、本書でご提案するような工夫を自ら勉強し能動的に実践していく必要があります。

二つめは、**管理委託（経営委託）**です。

これは、本業が別にあってそもそも物理的に対応できない方や、アパート経営の専門知識・ノウハウを持った専門家に委託することで、アパートの収益性を高めたいという考え方に立ちます。

先ほどのラーメン店の例で言えば、**自らは店に立たず、自分の代わりに店を経営してくれる店長を雇う**ということです。そして自らはオーナーに徹し、現場の実務を任せている店長からの報告に従って重要なポイントのみを判断する。要するに、**経営のアウトソーシング**です。

二つのどちらが良い悪いということではありません。

自主管理であれば、自らの経営力を高める必要がありますし、管理委託であれば、自らのために利益を最大化してくれる有能な管理会社を見つける必要があるということです。自主管理される方はそのノウハウを学んで実践していただくための教科書として、経営を委託（管理委託）される方は管理会社選定（変更）の基準として、本書をご活用いただければと思います。

自主管理と管理委託のメリット・デメリット

	メリット	デメリット
自主管理	・コスト（管理費）がかからない ・自分で細部まで把握できる	・手間がかかる ・専門知識の欠如（修得が大変）
管理（経営）委託	・手間が省ける ・専門家の知識やノウハウが利用できる	・コスト（管理費）がかかる ・きちんとした管理会社でない場合、状況が把握できない

2-12 優良な管理会社を見つける（所有と経営の分離）

アパートの管理には、「自主管理」と「管理委託」の二つの方法があることをご説明しました。割合としては、現状それぞれ半分程度と推測されます。特に、アパート経営以外に本業をお持ちの方は、管理を委託するケースが多いでしょう。

なぜなら、実際に勉強し行動を起こすといっても、一般のアパートオーナーさんが、そこまでできるかと言えば、なかなか難しい側面もあるからです。まして、アパート経営以外に本業をお持ちの会社経営者、開業医、サラリーマンの方はアパート経営のための時間を取ることは現実的に難しいでしょう。

また、仮にある程度の時間が取れるにしても、空室率が高まる今後のアパート経営においては、専門知識・ノウハウを持ったプロ同士の競争（特に入居者獲得競争）が展開されます。そのプロたちを相手に「戦う」ことのできるアパートオーナーさんは限られます。

そこで、オーナーさんの代理となって、オーナーさんの利益を最大化するための活動をしてくれる管理会社を見つけることが、オーナーさんの重要な仕事となります。

それは「自分の立場に立ってアパート経営をしてくれて、自分の利益の最大化のために働いてくれる代理人」を探すことと言い換えても過言ではないでしょう。それも、**自分にはない専門知識・ノウハウを持って、プロとしてアパート経営を行ってくれる代理人**です。

これは、一般の企業経営でも行われている**「所有と経営の分離」**です。

これをアパート経営に当てはめてみると、アパートオーナーさんは文字通りオーナーですから、会社でいうところの株主です。また、同時に最高意思決定者でもありますので、社長の役割も担います。

ただし、オーナーさん自身は不動産の専門家ではありませんので、経営の実務は完全に専門家に任せ、本当に重要なところの判断だけを求められるタイプの社長です。

飲食店などでも、オーナー自身はまったくの素人で、経営を完全に店長以下のスタッフに任せて経営を行い、最終的な判断のみを下している方は多数いらっしゃいますが、そのケースと同様の経営手法です。

しかし、当たり前ですが、専門家であれば誰でもよいかというと、そういうわけにもいきません。優秀でかつ自分の考えを理解してくれる（相性の合う）専門家を見つける必要があります。

経営を委託された管理会社が、経営の実務部隊として仕事をします。そして管理会社の役割は、オーナーさんの利益を最大化することにあります。

アパート事業「所有」と「経営」の分離

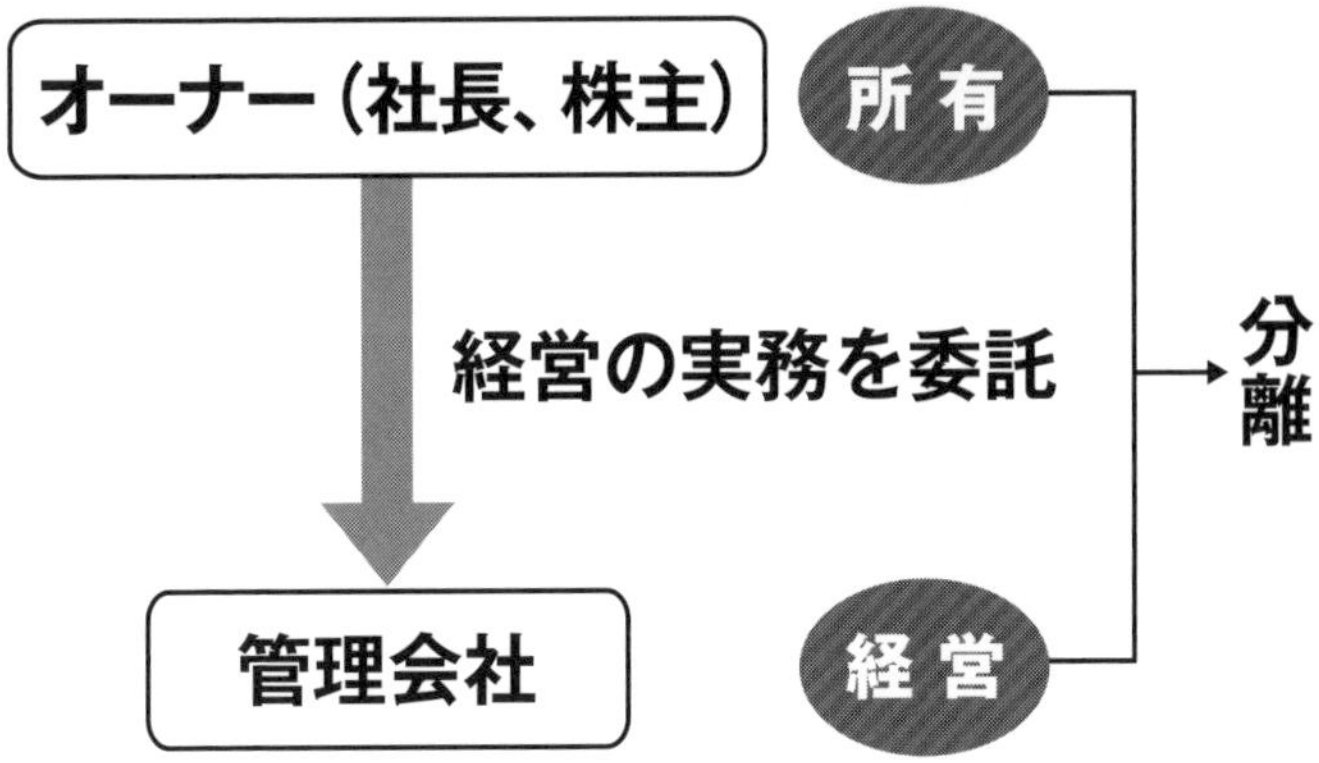

一般事業会社では、どのような会社でも、経営の専門家が経営を行い、専門家同士の競争を行うことが当たり前です。また、オフィスビルの運営においては、すでに「所有と経営の分離」はかなり以前から行われています。専門知識を駆使したプロの管理会社（プロパティマネジメント会社）間の競争が展開されているのです。

アパマンの世界も、近い将来オフィスビルと同様に、所有と経営が明確に分かれてくることは確実です。

現時点で専門知識を駆使した管理を行えば、周辺のアパートとの競争においては、圧倒的に有利な事業展開ができることは間違いありません。

2-13 オーナーの仕事は判断すること

他の事業同様、経営者の最終的な仕事は「判断をする」というものです。アパート経営も例外ではありません。

自主管理にしろ、管理（経営）委託にしろ、最終的な判断はオーナーさんがしなければなりません。

自主管理の場合は自分で店に立って直接マネジメントしているわけですから、各業者に細かいところまですべて自分で指示を出し、判断する必要があります。管理委託している場合は、管理会社からの報告を受けて判断をするということになります。

そして、管理委託するアパートオーナーさんにとって、**どのような管理会社に委託するかという判断はとても重要**です。

実際、管理委託する場合においては、委託する管理会社の能力や手腕によって、入居率、ひいてはアパート経営の成否自体が大きく左右されることは間違いありません。

実際、当社に管理をご相談いただく物件の中には入居率が5割を切っているものも多く、当社が管理を引き受けてから3カ月程度で満室になるという事例も多々あります。要は管理のやり方（特に5章で述べるリーシングのやり方）によって大きく変わるということです。

ですから、現在の運営状況を分析して、今後の運営がうまくいかなそうだということであれば、管理会社を変更するというのも一つの大切な判断です。

管理会社が悪いというのは言い訳にすぎません。その管理会社に委託するという判断をしているのが自分自身なのですから。

特に、**親の代からの知り合いだから、近所付き合いの延長線上で、といった「しがらみ」の中で管理をお願いしているようなケースはよくある話**であり、注意が必要です。

昔は管理会社の能力によってアパート経営の成否は分かれませんでした。住宅不足の時代には、普通にやっていれば常に入居者が入っている状況が続いていたので、管理会社の能力以外の要素（例えば、古くからの人間関係など）で管理会社を選んでも問題はありませんでした。

しかし、今後はそのようなわけにはいきません。

その管理会社が、**利益を最大化するという視点で業務を任せられる相手かどうか、というシビアな視点は不可欠**になってきます。

そして、優秀な管理会社が見つかったなら、その後オーナーさんの役割は、運営上においてどのようなものになるのでしょうか？

答えは、たった一つだけ、**最終の判断をすること**です。

具体的には、管理会社からの提案や要望に対して、ＹＥＳｏｒＮＯをジャッジすることが、オーナーさんの唯一の仕事となります。

例えば、長期的に見て、建物維持の観点から大規模修繕が望ましいという提案があったとします。この提案に沿って工事を行うのか、それとも行わないのかは、最終的には物件の所有者であるオーナーさんの判断次第ということになります。

また、家賃の不払いを続けている不良入居者がいた場合、法的手段に基づいて退去してもらうのか、それとも払ってもらうために粘り強く交渉していくのか、という判断もオーナーさんの役割となります。

これらはすべて、経営を任せている管理会社からの報告、提案、さらにはその管理会社（および担当者）の意見に基づいて判断を下す必要があります。

そのためにも、**きちんとした提案をし、意見をしてくれる管理会社の存在が重要になってくる**わけです。

2-14 管理費（管理フィー）の相場

管理を委託する場合には、管理会社に対して管理手数料を支払う必要があります。管理手数料は、一般的にその物件から生み出される家賃収入に応じて何％という形で課されるケースがほとんどです。

中には、一世帯当たりいくらという料金体系や、物件ごとに完全に定額という料金体系で行っている会社もあるようですが、受け取る家賃収入に応じて課金されるケースが最も多いでしょう。

管理費は地域によって若干慣習が異なります。関東圏における、居住系のアパートでは、家賃収入の5％前後というのが一般的な相場です。これ以外に発生するものとして、清掃や各種法定点検、エレベーター保守等の建物管理の費用があります。

また、更新料が発生した際には、受け取った更新料の半分程度を事務手数料として管理会社に支払います。新規に入居者を入れる場合には、家賃1カ月分の金額を、広告料として支払うのが一般的です。なお、仲介手数料および広告料については、本書の主題である入居者募集（リーシング）の重要な項目ですので、5章で詳述いたします。

3章

現在の管理会社（賃貸管理業界）の問題点

現在の賃貸管理業界、さらには実際に管理を任せる管理会社にも、大きな問題があります。時代が変わったにもかかわらず、その仕組みが旧態依然としているのです。本章ではその問題点を詳細にご説明いたします。

3-01 アパートオーナーの問題（危機管理意識の欠如）

前章まででアパート経営を取り巻く環境の変化およびアパートの経営の本質について解説してきました。しかし、この厳しい環境を簡単には解決できない状況があります。

まず初めに指摘すべきなのが、先述の通り経営状況が厳しくなってきているという事実がある一方で、**ほとんどのアパートオーナーさんが、アパート経営に対する危機管理意識がない**というのが根本的な問題点です。何もしなくても家賃が入り、利益が出ていた（儲かっていた）アパート経営の時代は終わっているにもかかわらず、意識の脱却ができていないというのが最大の問題です。

このままの状況では、先述のようにゆでガエルと同じ状況になり、いつの間にか経営が立ち行かなくなってしまうことが明らかです。

逆に言えば、このように他の業界と比べれば今はまだ厳しくない競合環境ですので、この状況に気付き、今すぐ行動するオーナーさんは競争の中で優位に立てることは間違いありません。

3-02 管理会社が自社で賃貸仲介の店舗を持っていることが問題

オーナーさんの問題だけではありません。アパートオーナーさんが管理を委託する管理会社（賃貸管理業界）自体にも問題があります。時代も市況も変化しているのに、ほとんどの管理会社の管理システム（体制）が住宅不足の時代を前提としています。現在および今後の住宅余りの時代には対応できないことが大きな問題であり、その問題点を本章では明らかにしていきたいと思います。

皆さんは、管理会社と言えば、入居者募集のための賃貸仲介店舗を持っていることが当たり前だと思われていませんか？　実際、現在の賃貸業界におけるほとんどの管理会社は、自社で賃貸仲介店舗を持っています。

わかりやすい例で言えば、大手のミニ◯ニやエイ◯ルは管理をしながら自社（グループ）の仲介店舗を持っています。本書では賃貸仲介店舗を持ちながら管理と仲介（客付け）を同時に行っている会社を「管理客付一体型」（以下「一体型」）と表記します。

しかし、**結論から言えば、入居者を募集するに当たり、管理会社は自社で賃貸仲介店舗を持っていてはいけない**のです。なぜでしょうか。

先述のように**管理会社の役割は、管理している物件に入居者を入れて空室を少なく（できればゼロに）する募集活動をすること**です。**決して自社で直接入居者を仲介（客付け）することではない**のです。ここは紛らわしいところですが、重要な点ですので押さえておいてください。

簡単に言うなら、管理会社が自社で仲介（客付け）のための店舗を持つことで、**管理というオーナーさんの利益を最大化するための仕事と、仲介手数料を稼ぐ（最大化する）という賃貸仲介の仕事が混在**してしまって、本来の管理業務の目的が達成しづらくなってしまうのです。

これは、住宅が不足していて入居希望者のほうが空室よりも多かった時代だからこそ成り立った構造なのです。現在とは前提が大きく変わってしまっているのです。

管理会社の役割はオーナーさんの利益を最大化することですが、自社の店舗があるために、純粋にオーナーさんの代理人となることが難しくなってしまうとも言えます。

次項以降で、自社で賃貸仲介店舗を持っているために、オーナーさんの利益を最大化するための管理の活動が大きく制限されることを、詳しくご説明していきます。

ただし4―10で解説するとおり、仲介店舗の採算を考えない場合には例外的に仲介店舗を持つことも選択肢となります。

管理会社と時代の変化

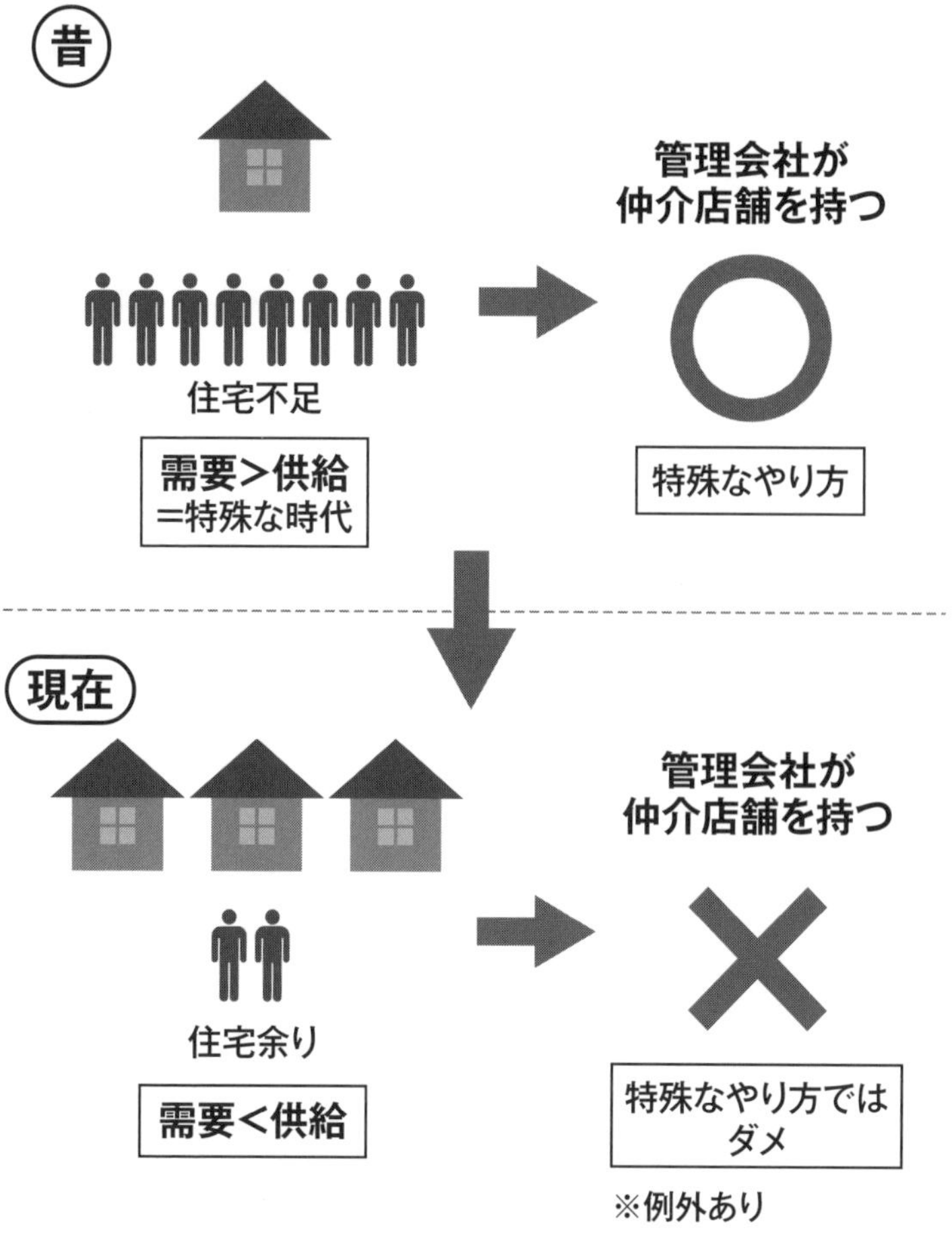
昔
管理会社が
仲介店舗を持つ
住宅不足
需要＞供給
＝特殊な時代
特殊なやり方
現在
管理会社が
仲介店舗を持つ
住宅余り
需要＜供給
特殊なやり方では
ダメ
※例外あり

3-03 「一体型」管理会社の立ち位置および姿勢の問題

管理会社が自社で賃貸仲介店舗を持つことの弊害は、その立ち位置に表れます。

まず、「一体型」の管理会社の最も基本的な問題点として、立ち位置が曖昧になってしまっている点が挙げられます。12〜13ページの図の立ち位置をご覧ください。要はオーナーさんと入居者のどちらの立場に立った仕事をするのかということです。

管理会社は、アパートオーナーさんから管理費をもらって業務を遂行しますので、基本的にはオーナーさんのために働くべきものであるはずです。しかし「一体型」の管理会社は、自社で仲介店舗を持っているために、その立場は極めて曖昧なものになってしまいがちです。

一例として、まず空室を埋めるに当たり、その店頭で客付け（仲介）をします。そして入居者とオーナーさんの双方の間に立つ立場として契約を結びます。

このとき、「一体型」の管理会社（賃貸仲介会社）が、入居者とオーナーさんの双方の利益を代弁する立場となってしまっていることが、おわかりいただけるでしょうか？

この場合の管理会社は、オーナーさんからだけではなく、入居者からも仲介手数料を受け取ります。そのため、「一体型」の管理会社にとって入居者は「お客様」になります。ということは**入居者のために、オーナーさんに対して家賃の値引き交渉をする立場にもなる**のです。

これは**入居者の利益のために、オーナーさんの利益を減ずる行動**です。つまり「一体型」の管理会社は、オーナーさんの利益と相反する（利益相反）立場となってしまうのです。

昔であれば、住宅が不足していたため、家賃の交渉などは基本的には行われませんでした。そのため、この**管理会社の立場の曖昧さや利益相反の関係が単に表面化しなかった**だけなのです。

このように、「一体型」の管理会社は、その性質上必ずしもオーナーさん側に立って、オーナーさんの利益を最大化するために業務を行っているとは言えない部分があります。**利益相反の関係の中で管理を請け負っている**と言えます。

例えるなら、裁判において相手方の弁護士に依頼し、間に入ってもらって裁判を行うようなものです（弁護士法では禁止されていますが）。

加えて、すでに述べたように、ほとんどの「一体型」の管理会社は、住宅不足の時代だからこそ問題がなかった「受け身型」の管理姿勢であることも大きな問題です。

「一体型」管理会社の立ち位置の問題

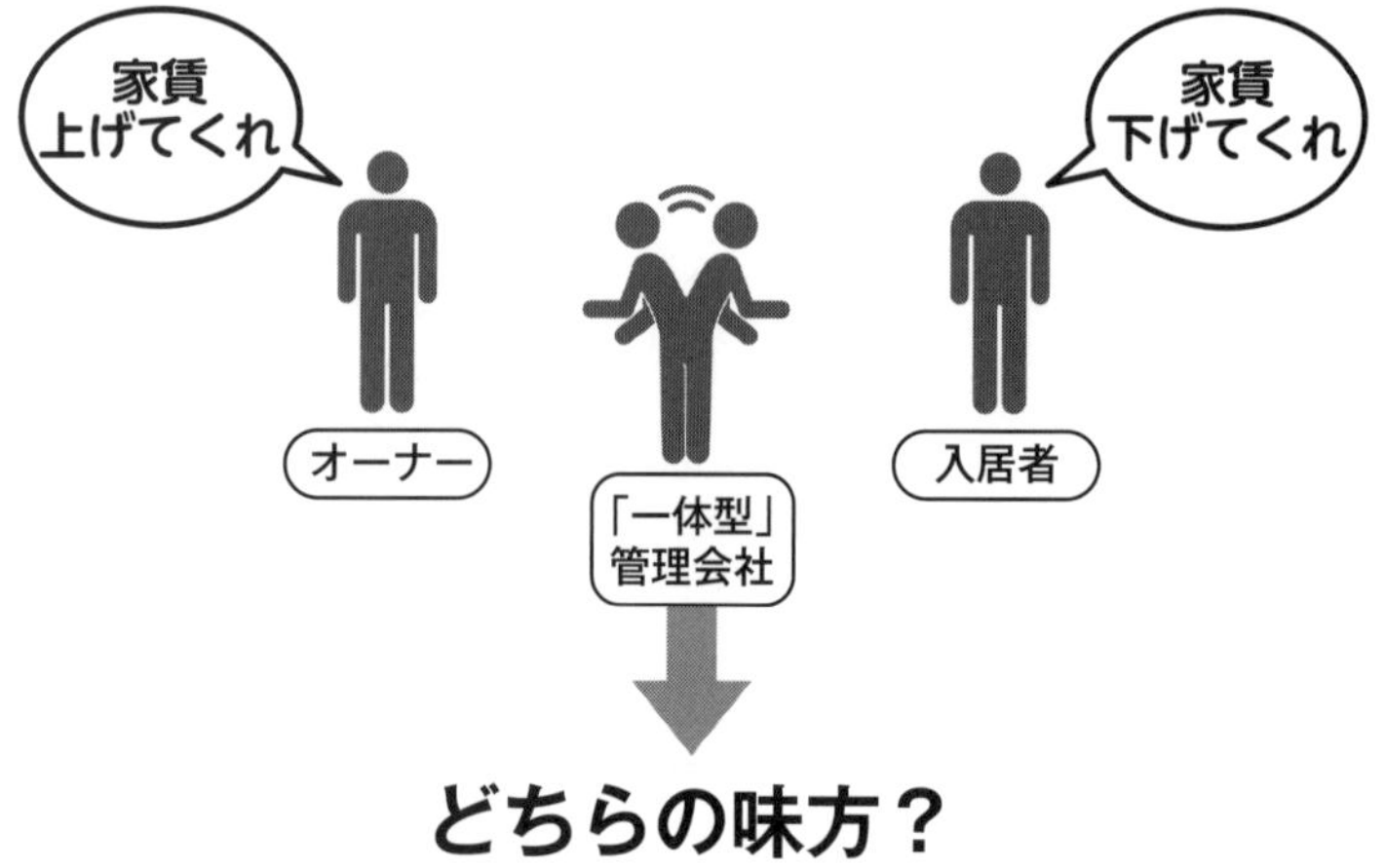

管理会社も委託しているオーナーさんも、このような問題を抱えたまま、今後の賃貸市場において生き残っていくことは、困難になっていくことでしょう。

3-04 募集の間口が狭くなってしまう

「一体型」の管理会社の最大の特徴は、その名前の通り、管理会社が賃貸仲介のために賃貸仲介店舗を持ち、自社（グループ会社も含む）で仲介（客付け）をすることです。

これによって、管理会社がオーナーさん側と利益相反の関係になってしまうことは前項で指摘しましたが、「一体型」の管理会社の問題はそれだけではありません。**「入居者募集の間口が、基本的にはその会社だけ」に狭められてしまう点も大きな問題**として挙げられます。よくある例として、**「空室期間が長くなるのだけれど、どうも自分のアパートには入居希望者を案内されている形跡がない」**と相談に来られるオーナーさんがいらっしゃいます。その原因がこの管理システムにあります。昔は1社のみで客付けしても満室にできる時代でした。しかし、現在および今後は、住宅が余る時代です。もうすでに、1社単独で満室にできる時代は終わっています。

ではなぜ、このような形態の賃貸管理会社が、現在でも業界の大勢を占めているのでしょうか。その原因は、賃貸住宅の歴史にあります。

わが国は、戦後長らくバブル崩壊後までの期間、住宅不足の時代が続きました。店頭に多くの入

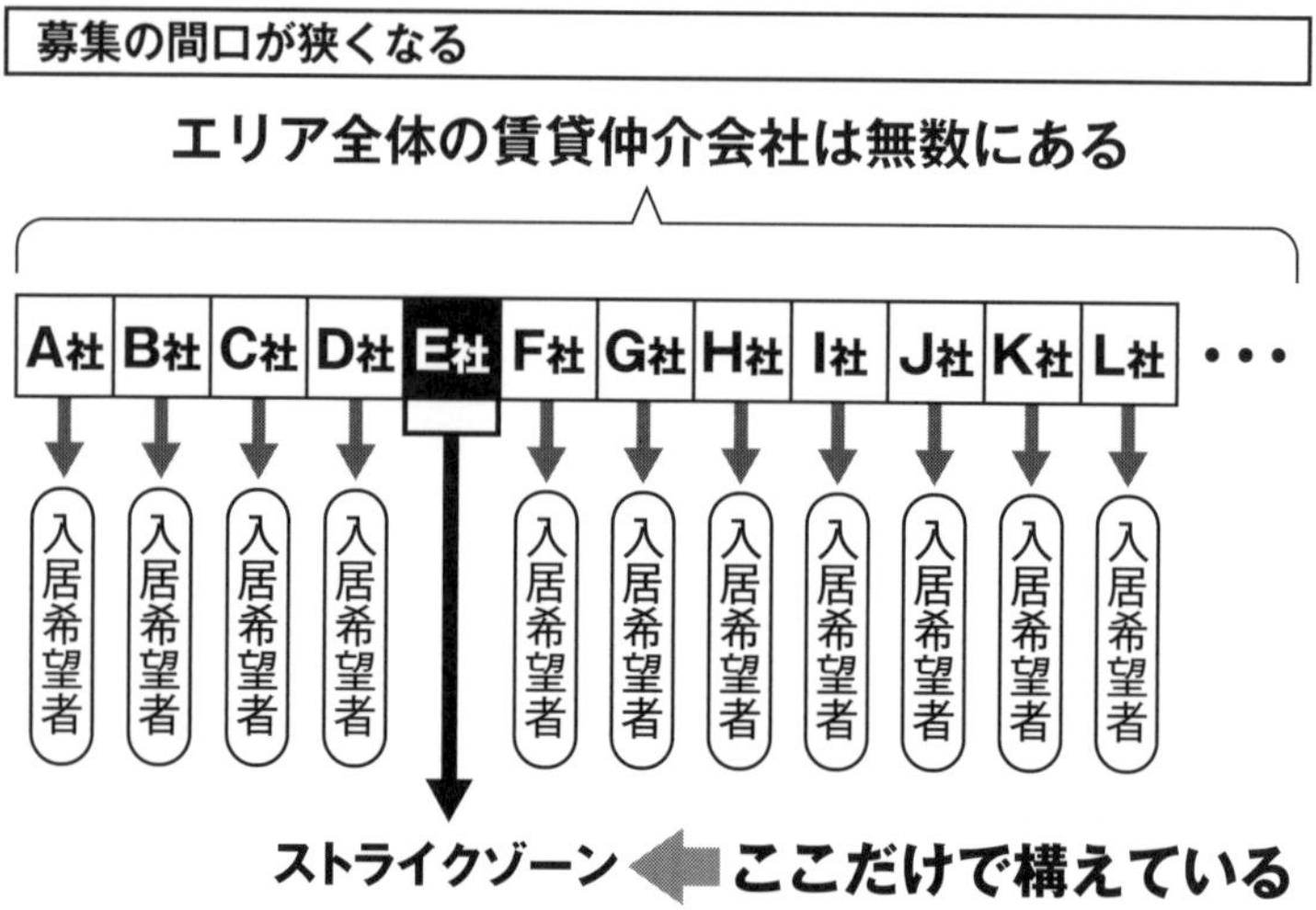

居希望者が列をなし、部屋を貸してくれと言ってくる状態でした。

これは例えるなら、東日本大震災後のスーパーに人が大挙して訪れ、我先にと水や食料を求めた状態と同じです。圧倒的に需要が供給を上回っているため、「売る」ための工夫は必要なかったのです。いわば特殊な市場と言えます。

こういった状態では、仲介（客付け）と管理という二つの相矛盾する立場が混在していても問題はありませんでした。**問題が表面化してこなかったと言えます。**

しかし、現在およびこれからのアパート経営は、何もしなくても入居者が入る時代ではありません。そこでは、管理の立場や役割の明確化が求められ、オーナーさんの利益になる仕組み、やり方が求められる時代になっているのです。

3-05 「一体型」の管理会社の募集間口が狭くなる理由

では、なぜ「一体型」の管理会社では募集の間口が狭くなってしまうのかについて見ていきましょう。この仕組み自体に大きな矛盾が含まれています。92ページの図をご覧ください。

管理というオーナーさんの利益を優先する立場と、賃貸仲介という仲介手数料を求める（最大化する）二つの立場を、「一体型」の管理会社は同時に持ってしまっていることに原因があります。

管理とは、オーナーさんの代理として、オーナーさんの利益を最大化するために、より具体的には「満室にして家賃収入を最大化する」のが目的です。そのためには多くの仲介会社に依頼して募集の間口を広げることにより、少しでも多くの入居希望者を募ることが求められます。

例えて言うなら、管理会社はメーカーの役割であり、できるだけ多くの小売店に販促活動をして自社商品を売ってもらわなければいけない立場なのです。

当然ながら、オーナーさんにとっては、エイ○ルが紹介してきた入居希望者でも、ミニ○ニが紹介してきた入居希望者でも、入居審査をパスし、きちんと家賃を払ってくれる人でさえいれば、何も問題はないからです。**問題は入居者がいないことであり、どこの会社が紹介した（空室を売っ**

「一体型」管理会社の矛盾

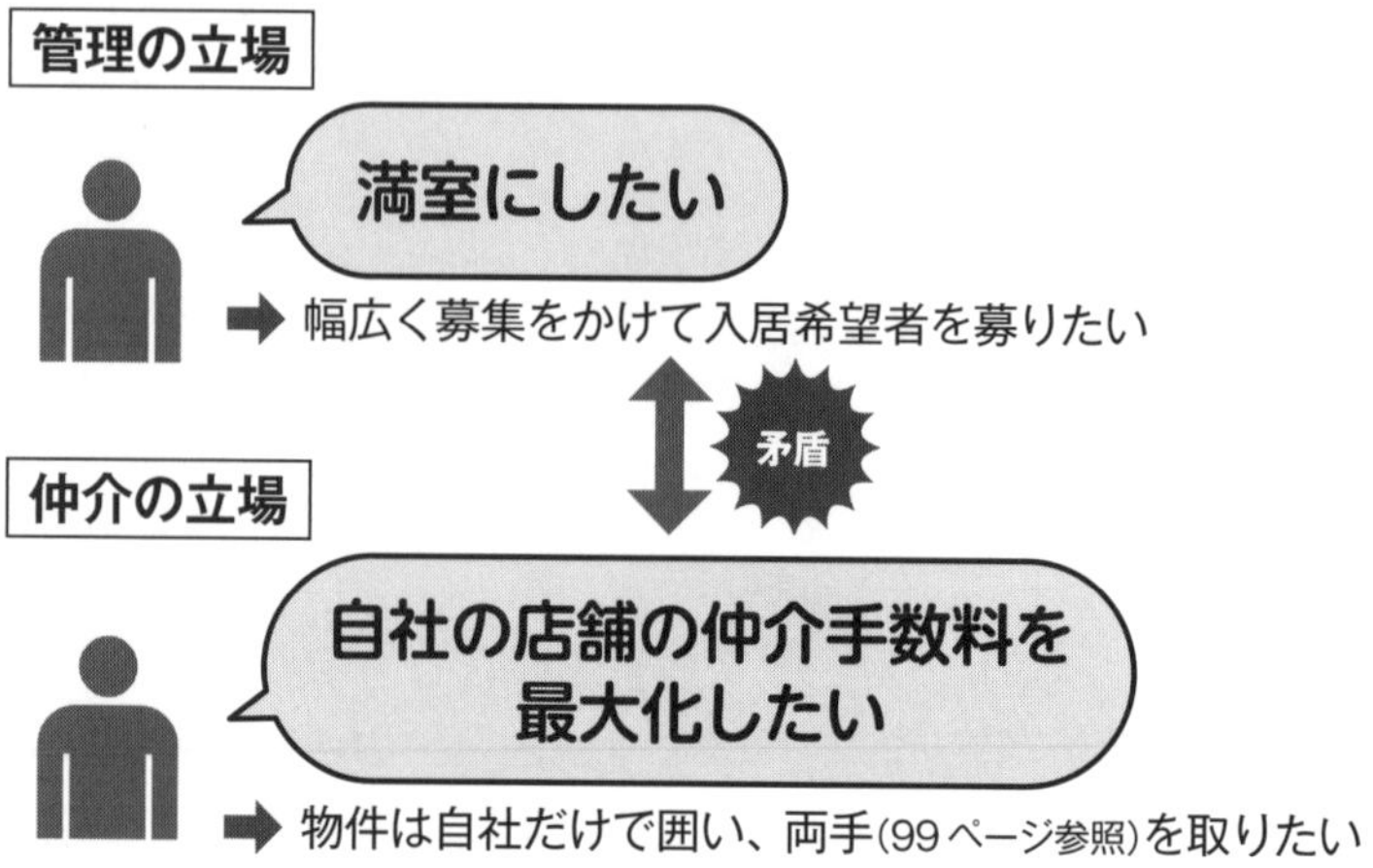
管理の立場
満室にしたい
幅広く募集をかけて入居希望者を募りたい
矛盾
仲介の立場
自社の店舗の仲介手数料を最大化したい
物件は自社だけで囲い、両手(99ページ参照)を取りたい

た）かはまったく関係ありません。

しかし賃貸仲介の営業マンの立場はどうでしょうか？

彼らの目的は仲介手数料（売上）です。店舗を構えている以上、賃料等の固定費もかかりますので、店舗当たりの売上ノルマ、個人の売上ノルマがあるケースがほとんどです。

管理の立場を優先され他社に物件を紹介され、他社から仲介（客付け）をされてしまえば、仲介手数料は他社に入ってしまいます。客付け（賃貸仲介）の営業の立場からすると、それは困ったことです。そのため、**できるだけ物件を他社には紹介せず、自社だけで囲ってしまおうということになります。**そして99ページの図でいうところの仲介手数料については「両手」を取ろうとします。

この仕組みは、店舗を持っているという構造上やむを得ないのです。

例えるなら、メーカーと販売店の関係に似ています。

メーカーが販売店を自社で持ち、自社の販売店の売上を他の販売店との比較において最大化しようとした場合、他の販売店への販売促進ができなくなります。

これは、売上を最大化したいメーカーという立場と、店舗の売上を最大化したい販売店の立場という二つの異なった立場（目的）を抱えてしまうことによる矛盾です。

これが、「一体型」管理会社の大きな矛盾であり問題なのです。

管理会社の目的は、オーナーさんの利益を最大化することであると繰り返し述べていますが、**賃貸仲介（客付け）店舗があるために仲介手数料（および広告料）を最大化するという目的が加わってしまうことによって、オーナーさんの利益を最大化するための行動が取れなくなってしまう**のです。

3-06

狭い間口で空室は埋まらない

仲介会社が1社でも空室は埋まるのではないか、と思われる方もいらっしゃるかもしれません。

住宅不足の時代であれば、1社が単独で客付け（仲介）をしてもすぐに埋まっていました。しかし現在は、供給過多の時代です。街に何十社、何百社と客付け（仲介）をしている仲介会社がある中で、1社で入居者を待ち構えているだけ、ということがどれほど非効率的なことかは、おわかりいただけるでしょう。

それは例えるなら、**1カ所で1本の竿だけで釣り糸を垂らしているようなものです。当然何十、何百の竿で方々から釣り糸を垂らすほうが、魚が釣れる確率は上がる**に決まっています。実際、大宮（さいたま市）のアパートを客付けしてくれる仲介会社は1000社にも上ります。

募集の間口を幅広く持ち、物件の所在するエリアの全賃貸仲介会社から入居希望者の紹介をしてもらえる仕組みを構築する必要があります。

また、賃貸仲介会社は、通常は管理も行っている「一体型」の場合がほとんどですが、その場合、自社の管理物件以外は入居希望者に紹介しないのではないかという見方もあるかと思います。

もちろん、自社管理の物件を優先的に紹介するという傾向は事実としてあります。

しかし、当社の経験している数多くの実例では、基本的に**賃貸仲介の営業マンにとっては管理物件かどうかは関係ないというのが結論**です。実際に一体型の仲介会社がどのような割合で客付けをしているかというデータを取っています。会社によって個別性が強いものの、大宮周辺のエリアで自社管理物件50％、一般物件（主に自主管理しているオーナーの物件）50％という割合です。都心に行けば一般物件の割合が増え、田舎に行けば自社物件の割合が増えるというイメージです。

これには三つの理由があります。

一つめの理由は、同じ会社（もしくはグループ会社）であっても、部署（担当）によって立場が違うということ。賃貸仲介の営業マンは自社（もしくはグループ会社）が請け負っている管理物件の入居率に対してノルマがあるわけではなく、**自分の（店長であれば店全体の）仲介手数料（広告料）の売上に対してノルマがある**のです。

実際に当社の物件には、仲介と管理を一緒に行っている「一体型」大手チェーン店からの入居者紹介も多いのが実情です。彼らの意見を聞いてみると、「やっぱり売上です」という意見がほとんどです。歩合制である現場の賃貸仲介営業マンの立場としては、あくまでも自分の毎月の売上が上がればよいというのが本音なのです。そのため、仲介手数料が得られる、さらには、より多くの仲介手数料が得られると思えば、喜んで入居者を紹介してくれます。

二つめの理由としては、**「一体型」の管理会社自体の空室率が2割以上もある会社がざらにあることです。**

もし「一体型」の管理会社の管理物件の入居率がすべて100%近いなら、管理物件を優先するという証明になりますし、「一体型」の管理会社に頼む理屈もあるのですが、残念ながらそうではありません。たとえ入居希望者を自社管理物件に優先的に案内するとしても、自社管理物件の空室率が2割以上もあるようであれば、**その管理物件内での競争が発生してしまいます。**

そして三つめの理由としては、入居希望者に対して自社の管理物件だけを紹介していたら、商機を逃してしまうということが挙げられます。管理戸数にもよりますが、自社管理物件だけでは入居希望者への提案が限られてしまい、他の仲介会社に行かれてしまうのです。かつての「ナショナルショップ」のような家電メーカー系列の販売会社がナショナル商品だけを販売していては集客できません。他社商品も併せて取り扱わないと、お客様にとっては魅力がないのです。

以上の理由から、多くの会社に依頼する方が、1カ所で一生懸命募集をかけるよりも圧倒的に効率が良いのです。

では、「一体型」の管理会社でも他の仲介会社に入居希望者の紹介（客付け）を依頼すれば空室が埋まるのではないか、と思われた方もおられるのではないでしょうか。その点に関しては次項で見ていきたいと思います。

竿（窓口）が少なければ魚（空室）は釣れない（埋まらない）

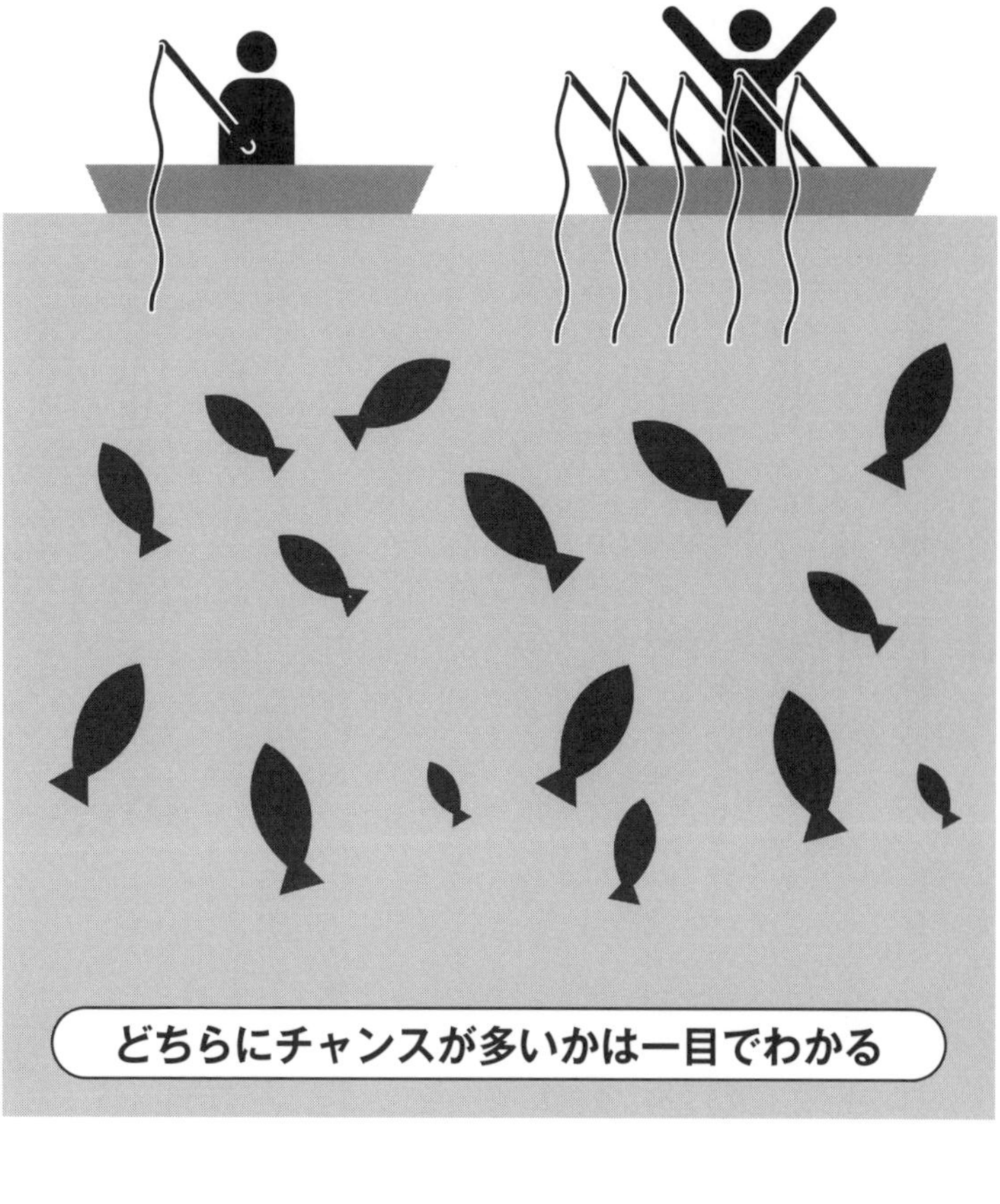

3-07 「一体型」の管理会社には他社からの客付けがない理由

次ページの図をご覧ください。自社で賃貸仲介店舗を持っている「一体型」の管理会社が、他社に客付け（仲介）の依頼をした場合の流れです。この通りに他社は入居付け（紹介）をしてくれるのでしょうか？　残念ながら答えはＮＯです。理由を見ていきましょう。

○広告料、仲介手数料の問題

まず、一番重要な広告料と仲介手数料の問題があります。

通常この場合の報酬分配は「分かれ」ということになってしまい（次ページの図も合わせて参照）、お客さんを紹介する客付会社の売上は、入居者からもらう家賃1カ月分の仲介手数料のみになってしまいます。住宅不足の時代であれば、紹介できる物件があるだけでよい、といったケースもあったのですが、ご存知の通り現在は住宅が余っている時代です。紹介できる物件は山のようにあるのです。そんな状況下で、**賃貸仲介の営業マンが、自社の管理物件でもなく、かつ家賃1カ月分の仲介手数料しかもらえない物件を紹介するということは、まずあり得ません。**

少ない報酬では、他の仲介会社からの客付けが見込めない

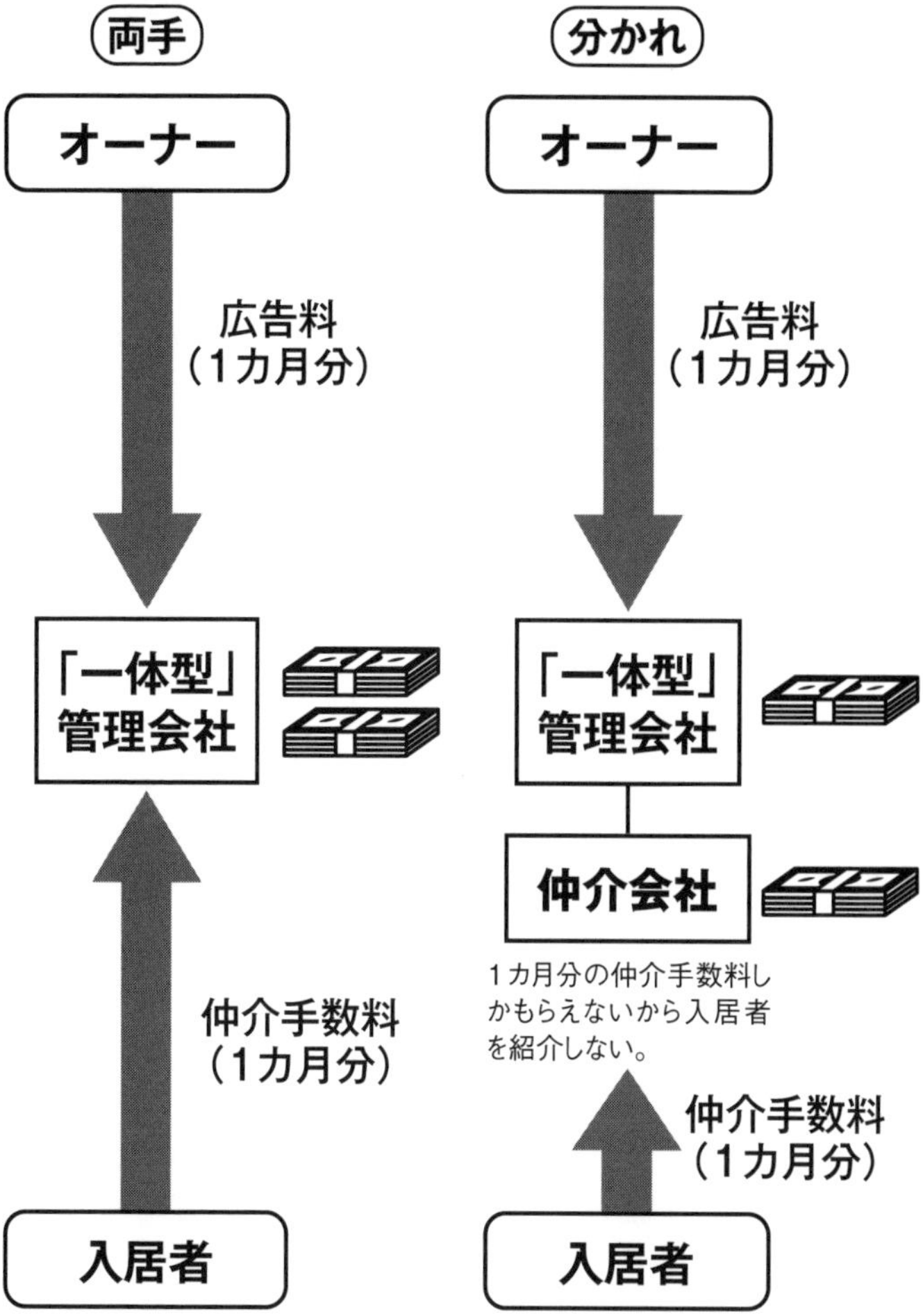

○鍵の問題

賃貸仲介の営業現場はその一瞬が勝負です。店頭にお客さんが来てやりとりをし、その場で案内に行きます。すると、**空室の鍵の所在が重要**になります。できれば手間なく鍵を取って空室を案内したいものです。

しかし、「一体型」の会社は、自社で客付けすることを前提にしていますので、基本的には鍵を自社で保管しています。すると、**仲介（客付け）会社は「一体型」の管理会社の店舗に鍵を取り（借り）に行かなければいけません。これを営業マンは非常に嫌う**のです。

細かいことですが、このように鍵の所在によって案内したくなくなってしまうケースが多いのが、賃貸仲介の現場の状況です。ちなみに、当社の管理物件においては、鍵はすべて現地で対応できるようにしてあります。各賃貸仲介の営業マンがダイレクトに物件にお客さんを案内できるためです。

○ライバル同士

賃貸仲介の店舗を並べている会社同士ですから、どうしても**ライバルの関係**になります。同じ街で同じ業務を行っているわけですから当然です。

そして、ライバルの物件に入居希望者を紹介するというのは敵に塩を送るようなものです。当然営業マンが嫌がるのは、致し方ありません。

住宅が余っている時代に、何もライバルの物件にしかも僅かばかり（1カ月分）の仲介手数料のために、貴重な入居希望者を紹介して、「敵」を助けるようなことをする必要があるのか、ということです。

○オーナーの顔が見えない

不動産の取引は売買でも賃貸でも同様ですが、物件の所有者や貸主の顔が見えないところでの取引は非常にしにくいものです。なぜなら、物件の事情がわからないからです。「一体型」の専任物件に客付け（仲介）する立場は、オーナーと遠い関係のため、この点からも入居希望者を紹介しにくい状況になります。

以上のように、「一体型」の管理会社は、自社以外からの客付け（仲介）はあまり期待できません。最終的には自社での客付け（仲介）に頼らざるを得ないために、どうしても自社店舗のみという形で間口は狭くなってしまうのです。

3-08 専門知識・ノウハウの欠如

本来管理業務においては、アパート経営における利益を最大化するための専門的な知識が要求されます。

アパートを経営するに当たっての経営の知識、税務的な知識、法務的な知識、コミュニケーションスキル、不動産売買の知識という類いのものです。

これからの時代に、オーナーさんの代理としてその利益を最大化するためには、厳しい賃貸市場での競争に勝ち残っていくことが必要になります。

管理会社の役割は、オーナーさんの利益を最大化するため、専門知識・ノウハウを駆使して競争に勝っていかなければいけません。残念ながら**「一体型」の管理会社の担当者は、アパート経営の専門知識・ノウハウがない**のが現実です。会社の成り立ちがそもそも賃貸の仲介業務であることも大きな理由です。

賃貸仲介の営業とアパート経営というのは似て非なるものです。賃貸仲介の営業マンは、アパート経営にはほとんど接点がありません。まして自分でアパートを経営している人間は少ないでしょう。そのため、アパートオーナーさんの気持ちがわからないというのが大きな問題です。空室を不安に思うオーナーさんの気持ちを、彼らは理解できません。

毎月のオーナーさんの借入の返済がいくらで、確定申告の内容がどうなっていて、といった具合に、オーナーさんの収支を把握して業務を行うこともないでしょう。特に、会社が大きくなればなるほど、担当者は「サラリーマン化」していきます。そして業務の分業化が進みます。良く言えばプロフェッショナル化していくわけですが、それはあくまで営業マン（もしくは管理の一部分の担当）としてのスキルでしかなく、アパート経営のスキルではありません。

「サラリーマン化」すると、言われたことをやる、起こったことにだけ対応するという姿勢が強くなります。また、自ら知識を進んで吸収していこうという発想もなかなか生まれないでしょう。

また、**いつの間にか部屋が空室になっていたり、いつの間にか空室が埋まっていたり（それも大きく値下げして）**という経験をされた方も多いでしょう。こういったことをオーナーさんにそのつど報告しない管理会社は結構多いのです。

3-09 「一体型」でも例外的に空室が埋まるケース

管理と仲介が一体化している管理会社でも、例外的に空室を埋められるケースが二つあります。

一つめのケースは、自社での客付力（仲介力）が圧倒的に強く、自社管理物件の稼働率が１００%近いケースです。先述の通り、大手チェーンの「一体型」管理会社の空室率は20%を超えるケースが多々あります。

しかし、客付け（仲介）の力が強く、また自社の管理物件を中心に客付け（仲介）して自社管理物件の稼働率を高めることも理論上は可能です。数は少ないですが、もしそのような管理会社が実在すれば空室は埋まると言えます。

二つめのケースは、エリアにおいて特定の「一体型」の管理会社のシェアが、４割を超える場合です。

その街のどこを歩いてもその管理会社（不動産会社）の看板しか見ないというように「その街にはその管理会社しかない」というような地域があります。そのようなシェアの高い管理会社（不動産会社）があるようなエリアでは、募集を幅広くすることは逆に効果的ではありません。地方都市

「一体型」管理会社でも例外的に空室が埋まるケース

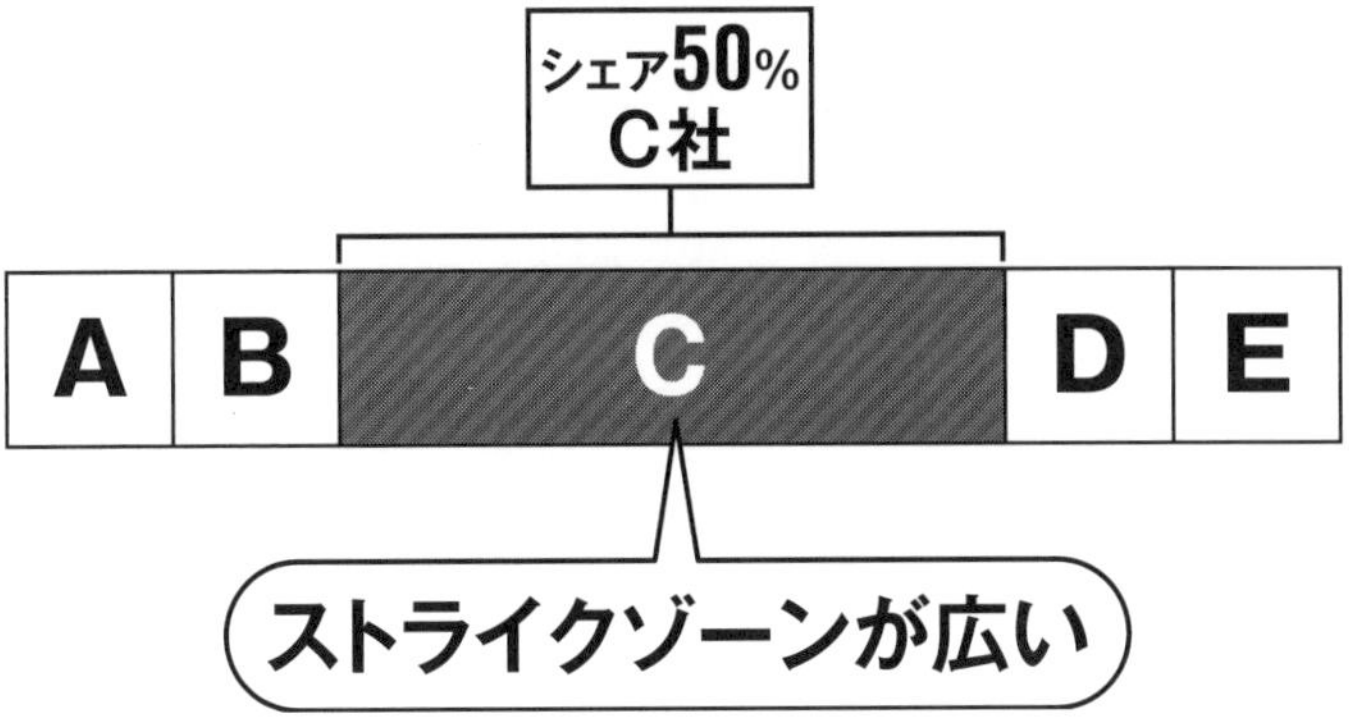

において管理会社（仲介会社）自体の数が少ない場合にこのようなことが起こります。

その場合は、その管理会社に募集を任せ、その管理会社内での、入居希望者紹介の優先順位を上げることが重要になります。

例えば、茨城県水戸市の管理会社Mは、正確な数字はわかりませんが、おそらく水戸市内で50％以上の管理および賃貸仲介のシェアを誇っています。

このようなエリアの場合には、M社以外の仲介会社に幅広く募集を依頼するよりも、M社の管理物件内において「入居希望者を紹介してもらえる優先順位」を上げるための関係作りに励むほうが効果的であると言えるでしょう。

一概には言えませんが、**そのエリアで管理および賃貸仲介シェア４割以上の管理会社（仲介会**

社）がある場合には、その会社専任にするのが効果的でしょう。

ただし、これはアパート経営における入居者募集という一業務においての話です。先述の通りアパート経営に関わる業務は多岐にわたります。アパート経営における様々な知識・ノウハウがあるかという点についてはまた違う話で、その会社次第になりますので、その点はオーナーさん自身で勉強して補っていく必要があります。

column 2

更新料訴訟とは何だったのか？

平成19年4月ごろから、関西を中心に入居者が貸主に対して更新料の無効および返還を訴える訴訟が相次いだことをご存知でしょうか。そして、平成23年7月に最高裁で「更新料は有効」という判決が出るに至るまで賃貸業界を騒がせました。更新料訴訟とはいったい何だったのか、ここで振り返ってみたいと思います。

一連の訴訟の論点は、契約書に定められた更新料が消費者契約法第10条に違反するかどうかというただ一点にありました。入居者側は「更新料は消費者保護を目的に定められた消費者契約法に違反し、消費者である入居者の利害を著しく損なうものであり、いくら契約書に明記されているとはいえ、無効である」と主張。そして、地裁、高裁レベルでは109ページの表の通り、無効とする判決が続いたのです。

最高裁の判決を待つまでの間、賃貸業界には大きな危機感が走りました。もし最高裁で無効判決が出れば、消費者契約法施行の平成13年にさかのぼって請求されることが予想されたからです。

しかし、平成23年7月の最高裁判決において更新料は有効であるとの結論が出ました。賃貸借契約書に金額が具体的に明記されていること、著しく高額な金額でないことを前提に消費者契約法に違反せず入居者の利害を損なうものではないとしたのです。1年間に家賃2カ月分の更新料は著しく高額ではないとされました。これによって一連の更新料訴訟は終息に向かいました。

万が一、最高裁が「無効」という判断を下したら……と考えると恐ろしくなります。多くのサブリース会社、オーナーさんが破産していたことは間違いありません。

また、この最高裁の判決とほぼ同時期に、原状回復工事における入居者負担金についても最高裁で判決が出ています。退去時のクロスの張り替えに要する金額を退去時に「敷引《しきびき》」として控除する内容が消費者契約法第10条に違反するかどうかが争われました。これも更新料同様、きちんと契約書に明記している場合、不当に高額でない範囲においては、契約書の内容が尊重される旨の判決が出ています。

更新料訴訟の主なもの

平成20年1月30日	京都地裁判決	更新料有効	○
平成21年3月27日	大津地裁判決	更新料有効	○
平成21年7月23日	京都地裁判決	更新料無効	×
平成21年8月27日	大阪高裁判決	更新料無効	×
平成21年9月25日	京都地裁判決	更新料無効	×
			×
			×
平成21年10月29日	大阪高裁判決	更新料有効	○
平成22年2月24日	大阪高裁判決	更新料無効	×
平成22年5月27日	大阪高裁判決	更新料無効	×
平成22年9月10日	京都地裁判決	更新料有効	○
平成22年9月16日	京都地裁判決	更新料無効	×
平成22年10月29日	京都地裁判決	更新料有効	○
平成22年12月22日	京都地裁判決	更新料無効	×
平成23年3月18日	大阪高裁判決	更新料有効	○
平成23年3月24日	京都地裁判決	更新料無効	×
平成23年3月30日	京都地裁判決	更新料無効	×
			×
平成23年4月27日	大阪高裁判決	更新料無効	×
平成23年7月15日	最高裁判決	更新料有効	○
			○
			○
平成23年9月9日	最高裁判決	更新料有効	○
平成23年9月16日	大阪高裁判決	更新料有効	○

※：賃貸マンション更新料問題を考える会HPより作成

4章

「プロパティマネジメント型(ＰＭ型)」管理とは

オーナーの利益を最大化するための管理方式が「プロパティマネジメント型(ＰＭ型)」の管理方式です。本章では、従来型(「一体型」)の管理方式との違いやどのような仕組みで利益を最大化していくのかをご紹介します。

4-01 プロパティマネジメント(PM)とは何か

前章で、現在の不動産業界の管理会社で行われている「一体型」の管理の問題点を指摘しました。本章では、これからの時代にオーナーさんの利益を最大化するための管理方式として、従来型(「一体型」)の管理形態とは異なる、「プロパティマネジメント型(PM型)」の管理方式について詳しくご紹介します。

なお、言葉の使い方として正確にはプロパティマネジメント(PM)と言いますが、管理方式の対比という点でわかりやすくするため、本書では「プロパティマネジメント型(PM型)」管理としています。

再度、整理しましょう。日本は有史以来の人口減少社会に突入し、一方アパートの供給数は増え続けています。すると、当然空室が増えることが容易に想像できます。

それだけではありません。家賃滞納をはじめとするモラルの低下や消費者保護に象徴される「社会的な流れ」がアパート経営の収益を圧迫してきています。

このような状況下においては、他業界同様熾烈な競争を勝ち抜き、きちんとした防衛策を取ることが求められます。その前提を押さえた上で、2章にてご説明したアパート経営の業務を行っていく必要があります。

しかし、このような時代の変化に、オーナーさん自身も、管理を委託する管理会社（不動産業界）も、現段階では対応できる状況でないことは前章で説明した通りです。

そして、今後の競争社会に打ち勝っていくために、2章でご説明したアパートオーナーさんが行うべき業務を、オーナーさんに代わってアパート経営の専門家が代行する仕組みがあります。これを「プロパティマネジメント型（PM型）」の管理（正確にはプロパティマネジメント）と言います。あくまでも**アパート経営のプロがオーナーさんの代理として、オーナーさんが行うべき業務を代行する**というものです。ただし現時点では、「PM型」の管理を行っている会社は、管理会社全体の1％にも満たないのが実情です。

プロパティマネジメントとは、不動産先進国であるアメリカ発祥の不動産（とくに商業ビル）の管理手法です。

プロパティマネジメントという言葉自体の定義は曖昧で、狭義、広義で様々な定義をすることが可能ですが、本書は学術書ではありませんので、言葉の厳密な意味までは追求しません。

本書の定義するプロパティマネジメントとは**「オーナーの代理として、オーナーの利益を最大化**

するために、計画立案し、具体的な行動を取る」というものです。

重要なポイントは、前章で述べたように従来型（「一体型」）の管理のような利益相反の立場ではなく、あくまでもオーナーさんの立場に立って、オーナーさんの利益最大化のために管理を行うというものです。

すなわち、ＰＭ会社のプロパティマネジャー（担当者）とは、所有者（オーナー）の立場を代行し、投資した一棟一棟の物件ごとに、その経営代行と実務を遂行する、不動産の現場責任者と言えます。

オーナーさんの利益を最大化するというのは、収入である家賃の総額を最大化し、支出（費用）を最小化するとともに、売却する場合にはできるだけ高く売却できるように、物件の市場価値を高めるということに他なりません。

PMとは

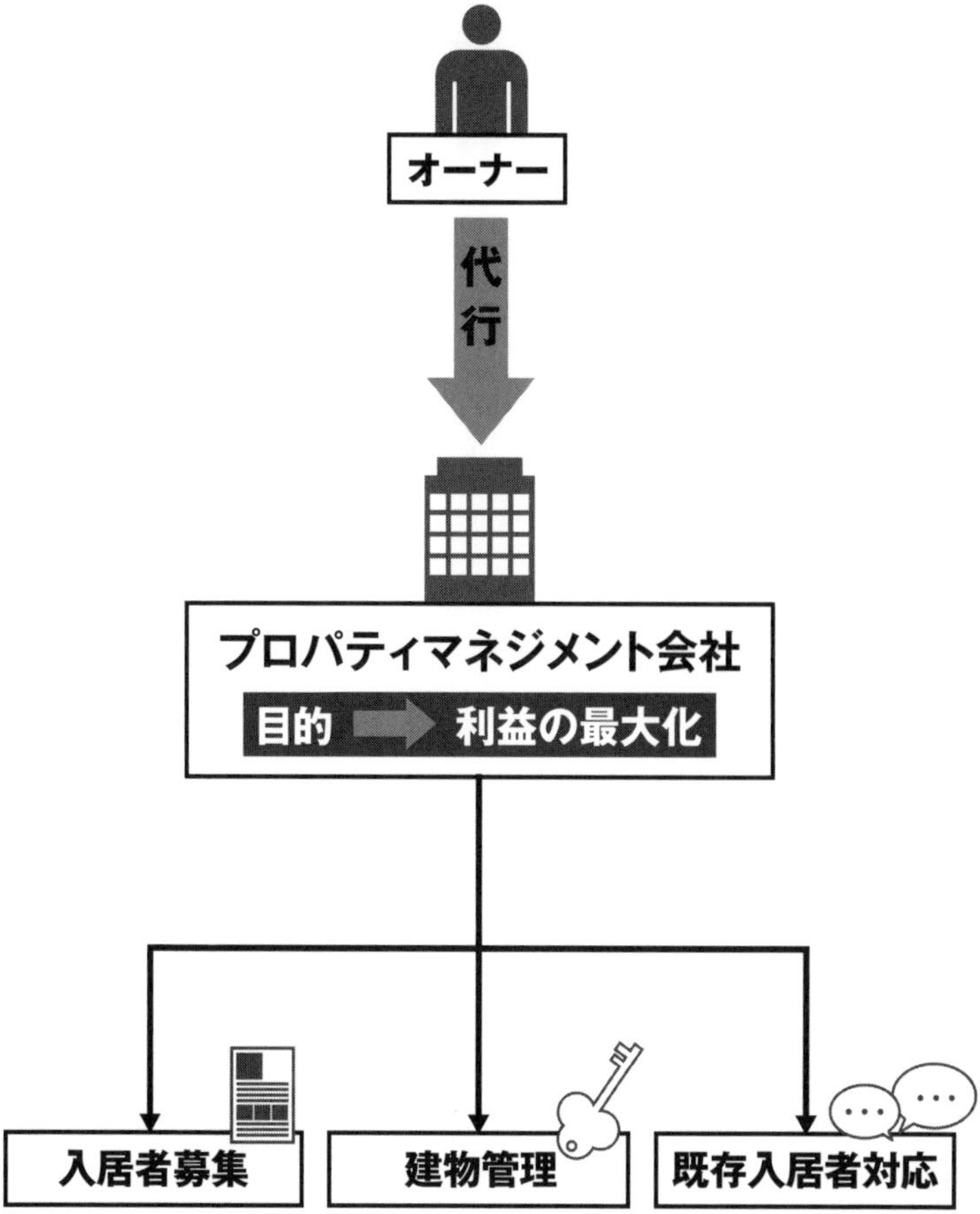

オーナー
代行
プロパティマネジメント会社
目的
利益の最大化
入居者募集
建物管理
既存入居者対応

4-02 管理はオーナーの立場に立って行われるべき

「プロパティマネジメント型」管理が、いわゆる従来の「一体型」管理と何が違うのか。どちらも基本的には管理という点では見かけ上は大きな違いがありません。行っている業務も表面上はほとんど一緒です。

しかし、実態は根本的に大きく違うものなのです。

最も大きな違いはその管理会社の立ち位置です。12～13ページの図の立ち位置をご覧ください。

ＰＭ会社と「一体型」の違いがおわかりになると思います。

賃貸仲介と管理が一体化している「一体型」の管理会社の矛盾点（利益相反の関係）は先述の通りですが、「ＰＭ型」の管理会社（ＰＭ会社）はその立ち位置が明確に、オーナーさんの代理という立場で業務を遂行します。

自社で仲介店舗を持たず、客付け（仲介）をしませんので、入居者から仲介手数料をもらう立場ではなく、仲介会社や入居希望者に対しオーナーさんの側に立って交渉します。

オーナーさんの利益の最大化を実現することが目的ですので、既存の入居者との関係においても

PM会社はオーナーの味方

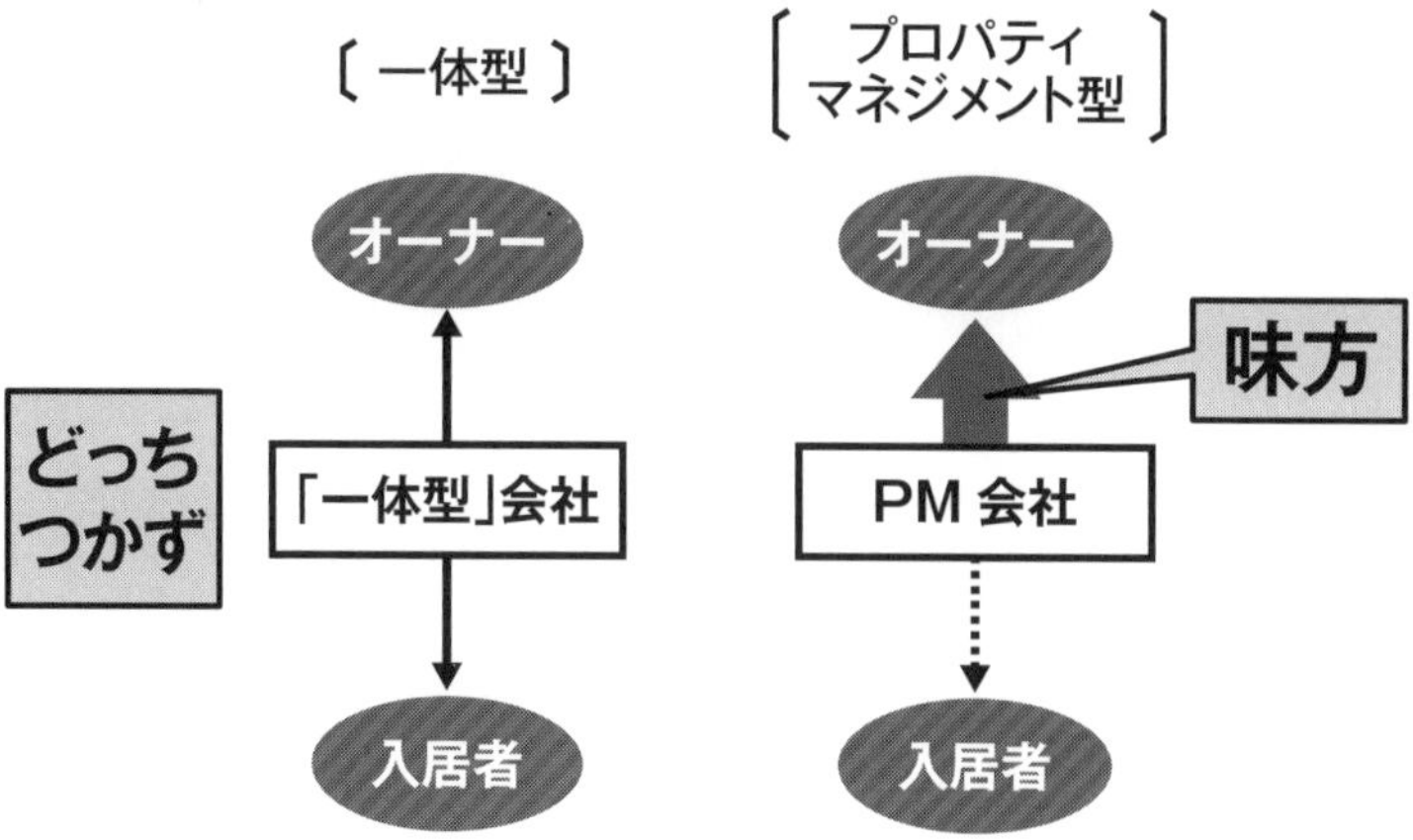

オーナーさんの立場に立った施策を行います。

これは先ほども触れましたが、裁判に例えれば、「一体型」の管理会社が、相手の利害をも代弁する立場にある弁護士（弁護士法では禁止）のようなものであるのに対し、「ＰＭ型」の管理会社は完全にオーナーサイドの代理人である弁護士という立場を明確に取ります。

その最たる例が、対入居者との関係です。

例えば、既存の入居者から家賃を下げてほしいという要望があったとします。その入居者の要望を聞いてあげるために家賃を下げる交渉をオーナーにするのか、それとも、退去した場合の改修費用、空室期間等を考慮に入れるとオーナーの利益の最大化のために家賃の減額を受け入れたほうが良いという判断をして、家賃を下げるのかという違いです。

「家賃の減額」という同じアクションを行うにしても、誰の利益を考えて減額を行うのかということに関しては視点が１８０度異なるというわけです。

入居者の利益のためなのか、オーナーさんの利益のためなのかということです。

このようにプロパティマネジメントとは、あくまでも物件所有者であるアパートオーナーさんの経営の代理という立場で、そのオーナーさんの利益を最大化することに注力するという大きな特徴があります。

4-03 ＰＭ会社の入居者募集方法

ＰＭ会社がオーナーさんの立場に立って経営代行することをご説明いたしました。

その形が最もよく表れるのが入居者募集業務です。前章でご説明した通り、現在の管理会社の仕組み自体がオーナーさんの立場に立って行われていません。しかし、ＰＭ会社は明確にオーナーさんの立場に立ち、オーナーさんの代理として入居者募集活動を行います。

そのために**最も重要なのが、幅広く募集を行うこと**です。ＰＭ会社は仲介の店舗を自社で持っていません。オーナーさんと「利益相反」の関係にならないためです。

そして、仲介会社から少しでも多くの入居希望者を紹介してもらい、成約数を増やす仕組みを作ることが重要となります。そのため、基本的な考え方として、**入居希望者への訴求よりも入居希望者を紹介してくれる仲介会社（営業マン）への訴求に重点**を置いています。圧倒的に成果が出るためです。ＰＯＰや案内ブック等の作成による入居希望者への訴求手法は当然に実施しますが、より重要な仲介会社への訴求手法を重点的に説明するため、本書ではそれらの詳細な説明は割愛します。

なお、入居者募集を幅広く行う具体的な方法については、次章にてご説明いたします。

4-04 PM会社の役割である オーナーの利益の最大化とは

プロパティマネジメント会社（PM会社）およびプロパティマネジャー（管理担当者）の役割は、オーナーさんの目的である利益の最大化ということになります。オーナーさんに代わって経営を行い、利益の最大化を目指します。

オーナーさんの利益を最大化するというのは、つまり「物件保有期間中の収入を最大化し、支出（費用）を最小化することで保有期間における利益（キャッシュフロー）を最大化し、売却する場合はできるだけ高く売れるための物件作りを行う」ことなのです。

利益＝（収入－支出）＋（売却額－取得額）

※収入＝売上（契約賃料等）×回収率

また、プロパティマネジメント会社およびプロパティマネジャーは、オーナーさんの状況を把握し、様々な提案をしていくことが求められます。

経営を請け負っているわけですから、オーナーさんの収支状況や資産状況（B／S、P／L、キャッシュフロー）を把握することは、会社（自社）の経営状況を把握することにほかなりません。自分の会社の経営状況を把握せずして、経営はできないでしょう。

当社で行っている事例をいくつか挙げます。例えばオーナーさんの確定申告や決算の内容を把握します。利益が大きく出そうであれば、ポンプの取り替えといった、近い将来必要になる修繕を提案します。一括で費用計上できるような工事を実施し、節税（利益の先送り）を図るためです。これには、担当者に税務的な知識（「修繕費であれば一括の費用計上が可能」など）が求められます。

また、金融機関への毎月の返済額を把握し、今月は修繕費がかさむので返済額を割り込んでしまう、ということがわかれば、修繕費の支払いを次月に延ばすといった対応を取ります。これによってオーナーさんのキャッシュフローは安定します。

場合によっては利益を出せるタイミングなど最適な時期に売却の提案をし、実際に売却のお手伝いもします。

このように、オーナーさんの状況に応じて打つべき対策は変わってきます。

プロパティマネジメント会社の役割は、あくまでもオーナーさんの経営代行であることを忘れてはいけません。物件管理はもちろん、工事や税務、売買まで総合的に収益物件のニーズに応えていく必要があるのです。

4-05 オーナーの運用方針に則った管理を行う

オーナーさんの物件の運用方針を確認しておくことで、その方針に沿った提案・運営が可能です。

さらに言うならば、運用方針があってその方針に則って経営の実務を行うということです。

一般の企業でも必ず経営計画というものがあります。10年後に売上をいくらにし、利益をいくらにしようというものです。会社はこの経営計画に則って経営を行っています。アパート経営もまったく同じことが言えます。

簡単な例を挙げるなら、その物件をずっと持ち続けるのか、それとも数年後に売ることを前提にしているのかで、管理方針は大きく違ってきます。

例えば、5年後に更地にして売りたいと考えている物件があるとします。その物件の外壁が古くなってそろそろ修繕をしなくてはいけないという状況において、5年後の売却がわかっていれば、できるだけコストを圧縮した塗装工事を提案することができるでしょう。オーナーさんが半永久的に持ち続けるつもりの物件なら、きちんとした塗装工事をすべきですが、更地にする前提であればそこまでコストをかける必要はないわけです。

運用方針に則った管理

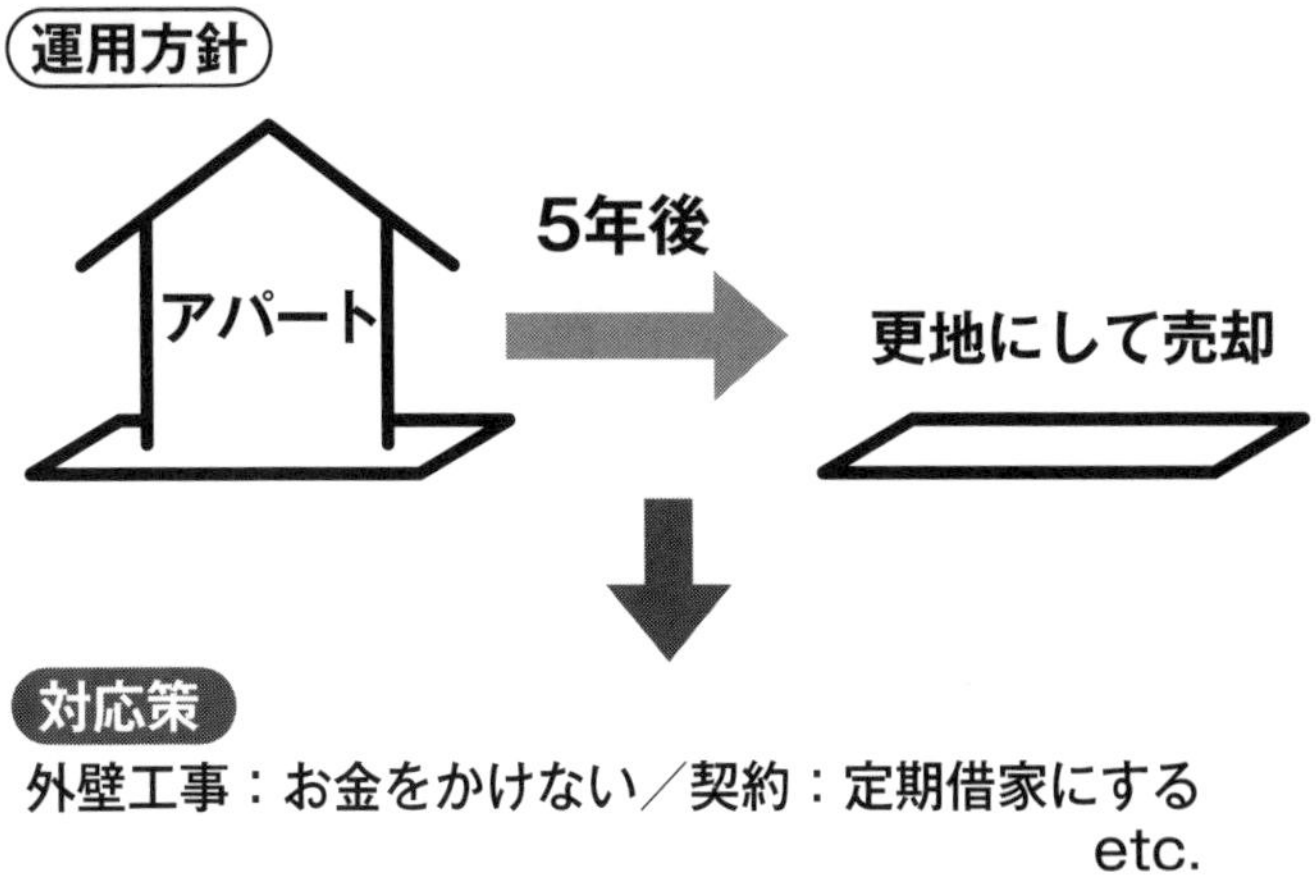

当社の事例では、５００万円程度かかる塗装工事を、建物を解体する予定の時期を考慮に入れて、本来であれば３度塗らなければいけない工事を一度塗りの提案をして、２００万円程度で実施したこともあります。

また、５年後に取り壊し、更地にして売却するのであれば、入居者の退去をその時点に合わせなければいけません。

その場合には、普通借家契約で入居者との契約を結んでしまっては、取り壊しの際に、退去してもらうのに多額の費用がかかってしまいます。そのため、必ず定期借家契約で入居者との契約を結ぶ必要があります。

このように、**管理においては、物件の将来にわたる運用方針をオーナーさんとＰＭ会社（管理会**

社）が共有し、その方針に沿った形で様々な取り組みをしていくことが重要になります。**同じ物件で同じ問題が起こっても、物件の運用方針によって、対応方法が大きく変わってくる**可能性があるからです。

「管理」とは、起こった現象に対してただ対応するということではありません。**PM会社の行うべき管理業務とは、オーナーさんの運用方針ありきで、能動的に利益の最大化のために行動する**ことなのです。

4-06 アパート経営は専門家同士の競争となる

近い将来、アパート・マンションの賃貸市場もオーナーさんの代わりに経営を請け負ったアパート経営の専門家（プロ）同士の競争となることが予想されます。これは、裁判が当事者ではなく弁護士同士の戦いになっているのと同じです。

つまり、専門知識・ノウハウを持ったプロパティマネジメント会社同士の本格的な競争となるのです。わかりやすい例が**入居者の獲得競争**でしょう。同じエリア内においてアパート間の入居者獲得競争が激化するというものです。

そして、**管理会社（PM会社）と仲介会社の役割が明確化し、分化していく**でしょう。管理会社は管理（PM）に特化し、仲介会社は仲介（リーシング）に特化していく流れになることが予想されます。そうでなければ、今後の競争においてオーナーさんも管理会社も生き残っていけません。

他の業界ではこの競争はすでに当たり前のことです。熾烈なお客獲得競争が日常的に行われています。

例えば飲食業界でも自動車業界でも、同業者間における競争は熾烈です。そして、その競争に勝つために現場で業務を行っているのはその道の専門家です。知識・ノウハウのないオーナーさんが素人の知識・ノウハウで現場に立つことは考えられません。

知識・ノウハウのないオーナーさんは専門家に経営を任せます。なぜなら、飲食や車といった厳しい競争社会においては、素人の知識・ノウハウでは到底勝ち残っていくことはできないからです。たまたま**賃貸市場は競争とは無縁の時代が長く続き、競争という発想がなかったために知識・ノウハウのないオーナーさんが片手間でもアパート経営ができていた**というだけのことです。賃貸市場は特殊（例外）だったのです。

そして、先述の通り、これからのオーナーさんの選ぶべき道は大きく分けて二つあります。一つは、自分で専門知識とノウハウを蓄積していき、プロとしての専門性を武器に競争社会で勝ち残っていく。もう一つは、自分の利益を最大化してくれる専門家（プロパティマネジメント会社）を見つけ経営を委託していく。

まだまだ賃貸業界は「遅れて」います。

今のうちにどちらの選択でもいいので行動を開始することです。それでアドバンテージが取れることは間違いありません。10年後の安定を目指すために、行動するのは今です。

4-07 「プロパティマネジメント型」管理の対応エリア

「プロパティマネジメント型」と管理客付「一体型」、双方の管理会社の違いは、その**対応エリア**にもあります。

「一体型」の場合は、自社で客付け（仲介）を行いますので、その範囲は入居希望者を物件に案内できる範囲に限られますから非常に狭くなります。駅で言えば1駅から2駅分といったところでしょう。半径3～5キロメートル程度の距離になります。

一方、「プロパティマネジメント型」は、基本的には自社で客付け（仲介）は行わず、賃貸仲介会社に入居者の募集を依頼することになります。そのためエリアは「一体型」に比べて広範囲になります。ただし、さいたま市の会社が札幌市の物件を管理することはやはり難しく、賃貸仲介会社に月に1回以上リーシング（募集依頼）活動に行ける範囲が理想です。

ちなみに、関東各地に事務所を構える当社では、事務所から車もしくは電車で1時間以内に行ける範囲を対応エリアとして限定しています。

4-08 管理会社選定のポイント

経営を管理会社に任せる（アウトソーシングする）場合、どのような管理会社に委託するのがよいのでしょうか。ここではその選定ポイントをまとめてみます。現在任せている管理会社で入居が進まない場合、管理会社変更の基準として参考にしていただければと思います。

まず、管理会社は自分の物件のあるエリアの会社であるべきです。札幌の物件を管理するのに東京の会社では対応できません。まずは地域にある管理会社を対象として探しましょう。

次に、その管理会社の実績を見ます。管理物件の入居率が90％を超えているかどうかを確認する必要があります。これは、「一体型」でも「ＰＭ型」でも言えることで、入居率が低ければ依頼しても効果は見込めないでしょう。

次に、**自社もしくはグループ会社で賃貸仲介の店舗を持っていないかどうか**（＝「一体型」でないかどうか）を確認することも重要です。先述の通り、「一体型」の管理会社は特殊な事情を除き、今後の大空室時代に生き残っていくことが難しいからです。

そして、もしご自身の所有している物件のエリアに「ＰＭ型」の会社がない場合は、「一体型」

の会社に5章でご紹介している**「幅広く募集する手法」を取ってもらうべく依頼し、その依頼に応えてくれるかどうかで判断できます。**12～13ページの図の、ＰＭ会社の立ち位置で管理を行ってくれるか否か、ということです。

何といっても入居者の獲得こそ、今後のアパート経営における最も重要なポイントです。再三申し上げる通り、1社だけで客付け（仲介）して満室にできる時代は終わっています。

また、緊急対応の体制を整えているかも非常に重要です。現在はいかに退去を防ぎ、既存入居者の長期入居につなげるかがアパート経営の成否を左右する時代です。その時代においては、入居者満足度を高めなければ、他のアパートに簡単に移ってしまいます。３６５日24時間のコールセンター設置は当然として、すぐに現場に急行でき、その場で処置できる体制が求められます。

他には、アパート経営を行うに当たって報告はもちろんのこと、様々な提案や情報発信をしてくれることも重要な要素です。ただ「起きた事象」に対し受け身な姿勢の管理会社では、今後は生き残っていけません。例えば、賃貸借契約書の形態も、時代に合った内容に変更していかなければオーナーさんの利益を守れません。また、8章で述べるような、退去時の入居者負担金を保証する仕組みを保証会社とともに作るといったことも必要になります。情報提供、対応方法をオーナーさんへいち早くお伝えするとともに、時代の流れに沿った施策を日々改良していくというのも管理会社にとっての重要な役割です。

管理会社選定のチェックリスト

- □ 管理物件の平均入居率が90%を超えているか
- □ 自社で賃貸仲介店舗を持っていないか
- □ 不必要な工事を提案してこないか
（工事見積もりの際コストダウンの提案があるか）
- □ 空室を埋めるための提案があるか
- □ 幅広く募集活動をしてくれるか
（仲介会社への訪問までしてくれるか）
- □ 担当者にアパート経営（不動産投資）の経験があるか
- □ 税務的、法務的なアドバイスや前向きな提案（情報発信）があるか
- □ 定期的にきちんと報告があるか（連絡が常に取れるか）
- □ 規模のメリットはあるか（10000戸以上の管理戸数はあるか）

究極のところ管理会社間の生き残り競争の中において勝ち組の管理会社にメリットは集中していきます。

つまり、管理業務においては**スケールメリットが働く**のです。規模の大きい管理会社に対しては仲介会社も優先的に入居希望者を紹介します。規模が大きくなればリフォーム工事の発注単価も下がります。そして、規模があれば保証会社が独自の商品を作ってくれます。

このように、この業界においては管理会社の二極化が進んでいくことが予想されます。ある程度の規模（10000戸以上）の管理会社を選定することは重要でしょう。

4-09 増える仲介専業会社

先述のように、仲介会社が管理会社を兼ねる形態がこの不動産業界では一般的な形態でしたが、最近はそこに変化の兆しが出てきています。

それは、**仲介に特化した会社が多数出てきている**ということです。当社は管理専業の会社ですが、その逆で仲介、つまり客付けだけを行い、管理は行わないという会社が増えてきているのです。

先述の例えで言うなら、メーカー機能は持たない小売りに特化した会社（小売店）が多くできているということです。特に、都心部のターミナル駅を中心に多数の仲介専業会社ができてきています。実際当社の客付け元をデータとして見てみると全体の4割くらいはこのタイプの仲介専業会社からの客付けが行われています。

都心部の仲介会社から埼玉エリアの物件まで広範囲に客付けをしている点が大きな特徴です。これは、地方から上京してきた入居希望者が、例えば勤務先や通学先の池袋（ターミナル駅）から徒歩何分という形で物件を探すことで起こる現象です。

この仲介専業会社の出現の理由は、まずインターネットの普及が挙げられます。昔であれば、路面店を構え、雑誌などにかなりの広告費をかけて掲載しなければなりませんでした。それが、インターネットを利用することで手軽にホームページを開設することができ、そのために1階の路面店ではなく、1階以外でも集客ができるようになりました。これによって出店コストが大幅に下がって参入障壁が低くなったのです。

次に、広告料の上昇による客単価の上昇です。現在はオーナーサイドも広告料を支払うことが一般的になってきました。場合によっては1カ月分ではなく、2カ月、3カ月分と払う場合も出てきており、仲介会社にとっては大きな収益を上げられる環境が整ってきました。

そして、空室率の増大に伴って客付けのニーズは増える一方です。今後はオフィスビルの業界と同様にアパートの業界においても、管理会社（ＰＭ会社）と仲介会社がそれぞれ分化していくことが予想されます。そして、それぞれ管理会社間の競争だけではなく、仲介会社間の競争も熾烈になっていくことが予測されます。

仲介専業会社が増えてくると？

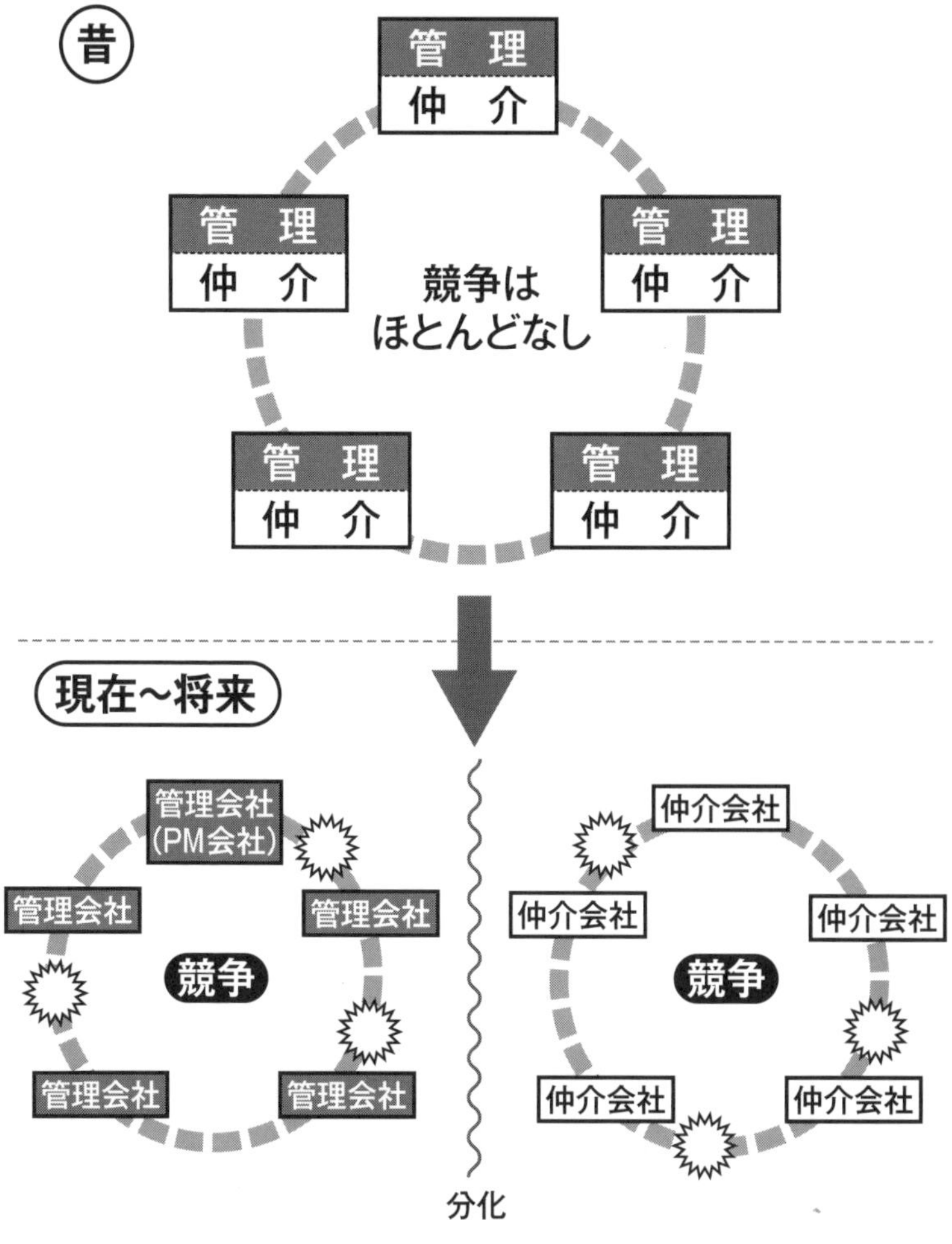

4-10 ＰＭ型管理会社が例外的に仲介店舗を持つ意味とは

ここまで、「ＰＭ型」の管理会社に物件の管理を任せることの優位性について述べてきました。ＰＭ型管理会社の大きな特徴として、仲介店舗を持たないことを挙げています。

当然当社も、ＰＭ型の管理会社としてこれまで仲介店舗を持つことなくオーナー様の空室対策、賃貸経営をサポートしてきましたが、現在当社では実験的な試みとして、仲介店舗の運営を行なっています。

当社で仲介店舗を運営することにより、プラスの効果が出ています。ＰＭ型という管理形態をとり幅広く募集していながらも、今までなかなか入居付けがしづらかった空室に入居付けができてきているのです。仲介店舗のスタッフは当社が管理する物件に入居者を入れることに専念するため、他の一般の仲介店舗よりも多数の入居者を管理物件に紹介し、結果として当社管理物件の入居率の向上に貢献しています。

しかし、「仲介店舗を持つと、一体型の管理会社になるのでは？」と、ここまで本書を読まれた方には疑問が浮かぶでしょう。ＰＭ型管理会社が、「一体型」に陥ることなく仲介店舗を持つために必要なポイントは次の二つです。
・管理物件の空室情報を、運営する仲介店舗だけで抱えず、広く募集する事
・仲介店舗自体の採算を考えない事

当社で運営している仲介店舗では、当社が管理する空室の入居者を募集するために活動をしていますが、決して空室情報を囲い込む事はしていません。他の仲介店舗にも情報を流して幅広く募集する、というスタンスを守りながら運営しています。

そのため、最終的には他の仲介店舗から空室へ入居付けがあり、自社の仲介店舗に仲介手数料が入らない、というケースが出てきますが、そもそも採算を考えていないので当社にとっては問題ありません。入居率を上げることが最優先で、仲介店舗に売り上げが上がるのは二の次なのです。

実際に幅広く募集するというスタンスは守り続けているため、今までと変わらず他の仲介店舗にも継続的に入居付けをしていただいています。

前述のようなポイントを守って仲介店舗を運営することができれば、「一体型」と「ＰＭ型」管理会社の良い所取りができる、という事です。

5章

空室を埋めるリーシングマネジメントとは

アパート経営における最大の問題は空室です。空室をなくし、入居率を高めることは企業で言えば売上をアップさせることであり、アパート経営の根幹です。今後の大空室時代においてどのような仕組みを活用すれば空室が埋まるのかを解説します。

5-01 アパート経営はいかに空室を埋められるか

何もしなくても空室が埋まる時代は過去のものとなりました。

アパートオーナーさんにとって、今後のアパート経営の最大のポイントは、いかに空室を少なくし、アパートの稼働率を上げられるか、少しでも多くの家賃収入を得られるか、ということです。

これから大空室時代を迎えるに当たって、企業経営で言うところの、売上をアップさせるという最も基本的なところが重要になってくるということです。同時に費用も削減することがベストではありますが、まずは売上が立たないことには費用の削減どころではありません。

コストを下げる工夫であったり、長期修繕の工夫であったりと、アパート経営においての業務は多岐にわたることはすでに述べた通りですが、何をおいてもまずは売上です。

その**売上を上げる仕組みとして、本章でリーシングマネジメント（入居者募集方法）が非常に有効であることをご説明したい**と思います。この方法は当社が賃貸管理を開始してから悪戦苦闘して築き上げてきたノウハウです。現在も日々改良を行っておりますが、現時点で管理戸数約２０００戸、入居率が96％超と一定の成果を上げているものですので、汎用性があると考えております。

5-02

リーシングマネジメントとは

では、「ＰＭ型」管理の大きな特徴の一つであり、当社が実践しているリーシングマネジメントをご紹介します。このリーシングマネジメントとは、例えるならば家電メーカーがその自社商品（製品）をどうやって売っていくかという一連の行動と同じです。オーナーやその代理となる管理会社（ＰＭ会社）はメーカーと同じ立場です。自社の「商品」である空室をどうやって売っていくかという一連の流れをリーシングマネジメントと呼んでいます。

当社はプロパティマネジメント会社（ＰＭ会社）ですので、オーナーさんの代理という立場でこの一連の業務を行っていますが、自主管理されているオーナーさんは、本章にてご説明するリーシングマネジメントをご自身で実践することで、大きな効果が出るでしょう。

まず初めに、入居者募集をするに当たってＰＭ会社の立ち位置をご説明します。これは、繰り返しになりますが、オーナーさんの代理という立ち位置になります。

そしてオーナーさんの代理として、各賃貸仲介会社に対して入居希望者の紹介を依頼します。幅広く複数の店舗に募集依頼をかけます。賃貸仲介会社は二種類あります。一体型の管理会社と仲介専業の会社です。一体型の会社は管理会社を兼ねていますが、PM会社との関係で言えば、PM会社が管理会社（オーナーさんの代理）であり、一体型の会社は仲介会社としての役割となります。

本書では先述の仲介専業会社だけでなく、一体型管理会社もPM会社との関係において仲介会社としての役割を担うことから「仲介会社」として表記しています。

PM会社は、厳密に言えば自ら客付け（仲介）を行うのではなく、**仲介（客付け）をしてくれる賃貸仲介会社に入居希望者の紹介を依頼します**。それもその物件のエリアにあるすべての賃貸仲介会社に依頼をかけます。つまり、仲介会社を管理（マネジメント）することで入居希望者を募るのです。これを「リーシングマネジメント」と言います。

PM会社の役割は、このリーシングマネジメントを効率よく行い、**仲介会社からいかに多くの入居希望者の紹介を受け、入居につなげられるか**という点になります。**PM会社はオーナーさんの代理という立場ですから、賃貸仲介会社からすれば、物件のオーナーさんから直接募集の依頼をされているのと同じ意味合いになります。**つまり、自主管理の物件（一般物件）と同じ位置付けになります。賃貸仲介会社の営業マンは、前述のように仲介手数料の問題も大きいのですが、基本的にはオーナーさんの顔が見えていて、物件の内容がよくわかる物件を紹介したがります。そのため、PM会社から紹介される物件は、基本的にはオーナーさんから直接依頼を受けているのと同様の意味を持つので、非常に客付けをしやすくなります。

リーシングにおけるPM会社の立ち位置

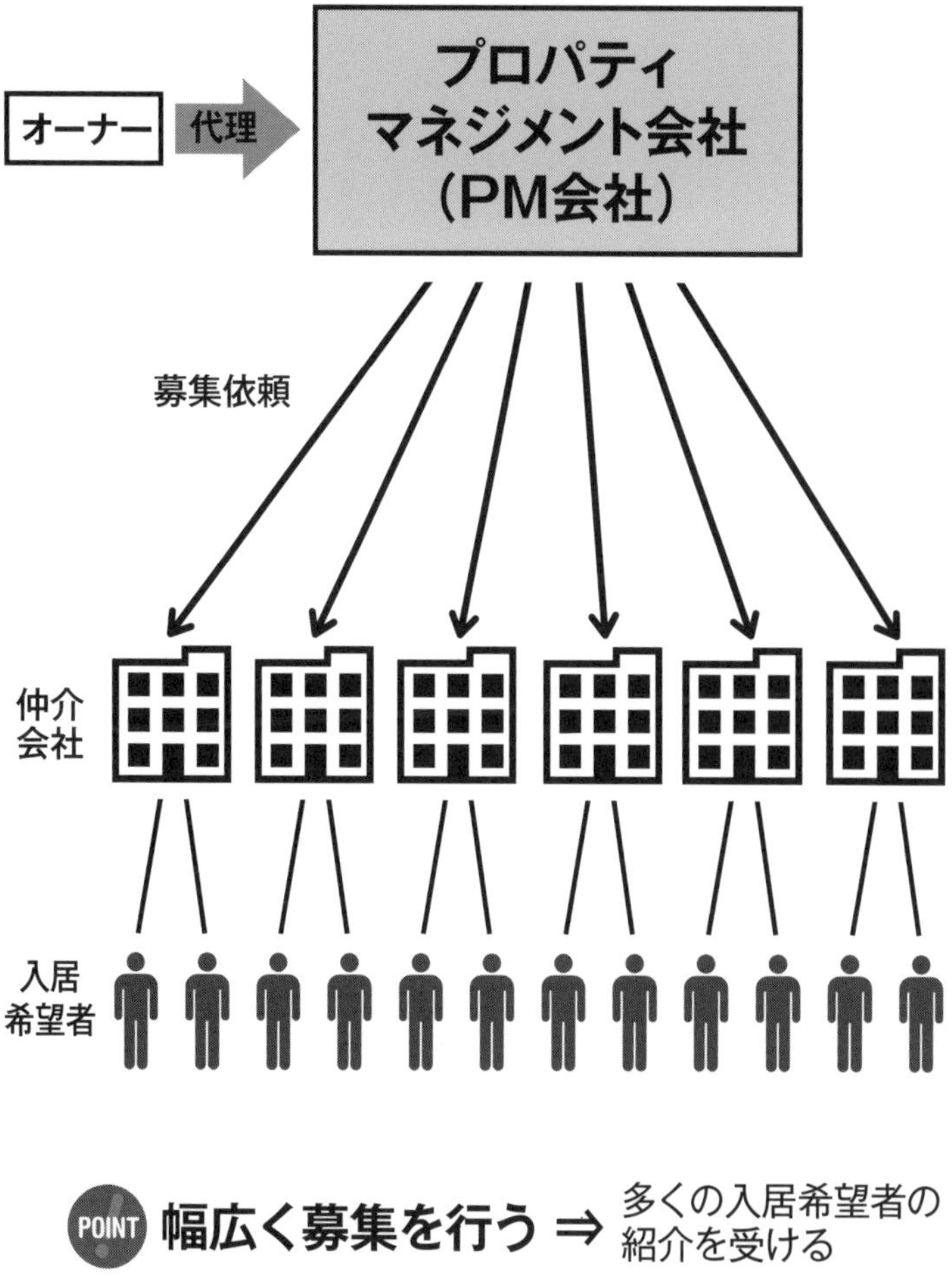

5-03 リーシング戦略を策定する

入居者募集に際しては、まず募集（リーシング）戦略を策定することから始めます。

賃貸アパートに関しては、一定の割合で必ず空室が発生します。最近でこそ持ち家でなく賃貸住宅を終の住処とする人も出てきましたが、賃貸アパートは、基本的には仮の住まいという性格を有しています。転勤や結婚、入学等ライフサイクルによって退去が発生するものなのです。

退去があれば、すぐに次の入居者の募集に取り掛かる必要があります。**空室というのは1円も生み出さない空気を部屋に住まわせているのと同じ**ことですから、1日でも早く空室を埋めることが重要となります。

入居者募集は、リーシング戦略を策定することからスタートすることになります。

具体的には、「いつまでに」「いくらの賃料で」「敷金と礼金はどの程度で」「どのようなリフォーム（改修工事）をかけて募集するか」という入居者募集の方針です。さらには、エリアの特性を分析し、ターゲットをどこに絞るのかを検討する必要があります。

例えば、当社の管理しているエリアで西川口というエリアがあります。このエリアは外国人が多

リーシング戦略の策定

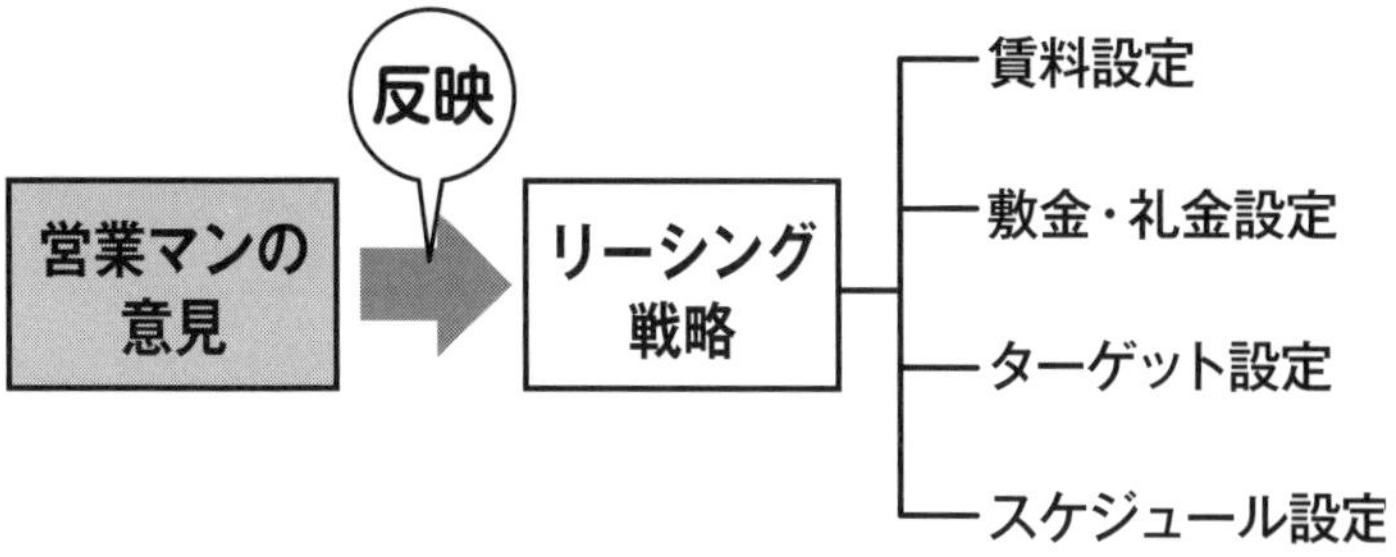

いエリアなのですが、ターゲットにその層を取り込むのかどうかということまで戦略を立てる上では必要になります。

この戦略策定に当たって重要なことは、**賃貸仲介会社に徹底的にヒアリング（意見の吸い上げ）をかけること**です。そして、その中でも多くの仲介をしている「できる営業マン」からの意見を尊重することが重要です。

賃料や敷金・礼金等の条件は、その時々の経済情勢および1年のうちの時期（何月か）ということによっても大きく左右されます。1～3月のいわゆる繁忙期と6、7月の閑散期では、その条件は大きく変わります。また、昨今はまだ景気は下向いていますので、1年前と同じ条件では入居者の募集が難しくなっているということは頻繁にあるのです。

ですから、リーシング戦略の策定に当たっては、賃貸仲介会社への徹底的なヒアリングが重要になってくるのです。

そこで複数の意見を吸い上げ、その内容を総合的に判断し募集条件を決定します。募集条件とは、市場に賃貸募集に出す条件であり、オーナーさんにとっては「最高」の条件です。

というのは、募集条件に対していわゆる指値等の交渉が入ることはありますが、募集条件より良い条件で入居者が入ることは基本的にはあり得ないからです。家賃7万円で募集すれば、2000円の値下げ交渉が入って6万8000円になってしまうことはありますが、7万2000円には決してなりません。

条件の策定に当たって注意すべき点は、1日でも早く埋まる、なおかつ1円でも高い家賃を見極めるということです。

1日でも早く決めることと、1円でも高い家賃で決めることは基本的には矛盾しますが、そのバランスを見て、オーナーさんにとって最高の条件を探るのが利益を最大化するポイントであり、PM会社の腕の見せ所です。

5-04 募集賃料と成約賃料

前項で述べた募集条件が、「最高」の条件になるということはおわかりいただけたと思います。より具体的に言えば、賃料（だけではなく、敷金礼金等も含めてですが）には、募集賃料と成約賃料の二種類があるということです。

その二種類をどうやって使い分けるか、ということもリーシング戦略の重要な要素です。

例えば、相場7万円の部屋を7万5000円で募集に出し、5000円の値引きにはあらかじめ応じる旨を賃貸仲介会社に告知しておくという方法があります。これは一般的に、昨今の入居希望者は募集賃料に対して指値（値引き交渉）をするケースが多いのを想定してのためです。

一方、初めから値引きを受け付けないという前提で、7万円で募集に出す方法もあります。

この二つの例を見比べてみますと、**一つめのケースのメリットは7万円以上で入居が決まる可能性がある**ということです。デメリットは、7万円以下で探しているような人からは初めから除外されてしまうため、対象が少なくなってしまうということです。

二つめのケースでは、**7万円という条件で探している人に対して訴求できるので、より多くの人**

2つの賃料（条件）を使い分ける

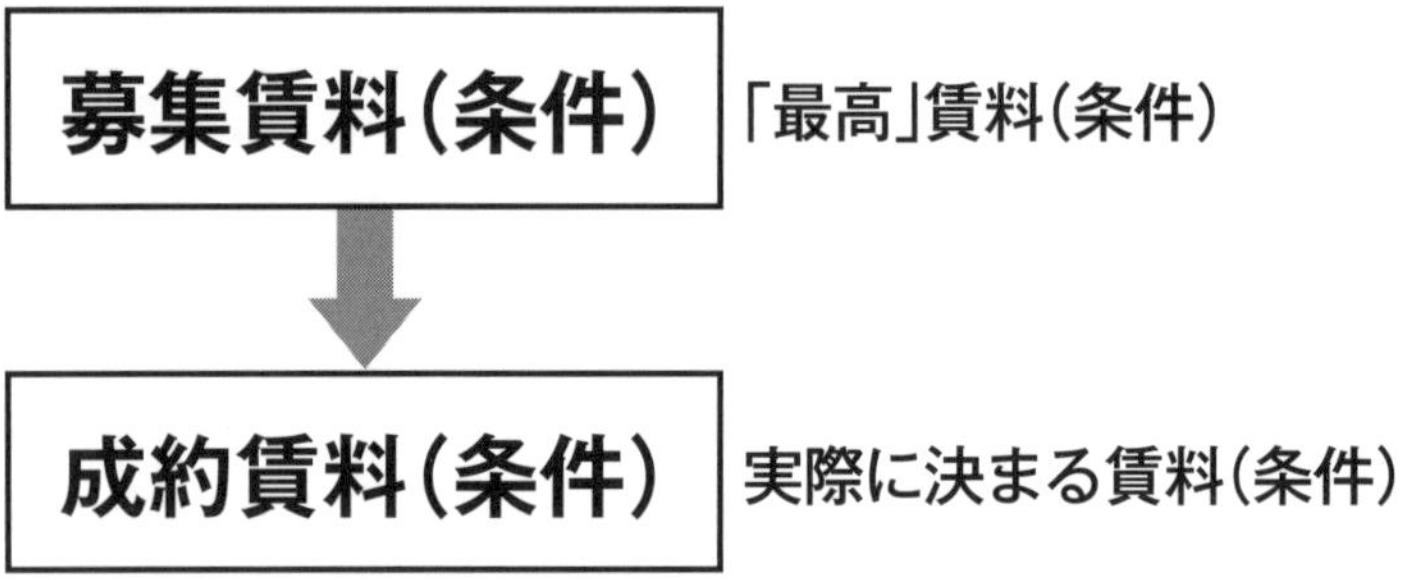

２つの賃料（条件）をうまく使い分けることも重要な戦略

がこの部屋の募集を見る可能性があるというメリットがあります。一方、７万円以上で成約できる可能性はなくなってしまうのがデメリットです。

リーシングに当たっては、募集賃料（募集条件）と成約賃料（成約条件）という二つの賃料（条件）が存在するということを理解した上で、その二つをどのように使い分けるかという戦略を持って、リーシングを行う必要があります。

当社では、**あらかじめ成約賃料（条件）を想定し、その成約賃料（条件）に落ち着かせるためにはどうすればいいかという視点に立ち、二つの賃料（条件）を使い分ける**ようにしています。

5-05 リーシングの3ステップ

リーシング戦略を策定したら実際にリーシング活動に入ります。リーシング活動は大きく三つのステップからなります。

【ステップ1】幅広く募集をかける

↓

【ステップ2】賃貸仲介会社の営業マンに推薦してもらう

↓

【ステップ3】入居希望者に住みたいと思われる部屋を作る

これは、一般的に家電等の物（商品）を売る流れとまったく同じものです。

では一つずつ見ていきましょう。

【ステップ1】幅広く募集をかける

一つめのステップはまず、できるだけ多くの入居希望者の目に留まるようにすることです。例えば、家電商品を売るに当たっては、まず一つでも多くの小売店舗にその商品を置くことが大切になります。ヤマダ電機だけではなく、ビックカメラにもヨドバシカメラにも商品を置いてもらうということです。1店舗よりは10店舗、10店舗よりは100店舗といった具合です。

仲介会社もかなりの数があります。例えば大宮エリアにあるアパートに客付けをしてくれる会社で言えば、1000社以上が対象となります。その対象となる仲介会社すべてに管理物件の空室を扱ってもらう活動が必要になります。

では、どのような方法で幅広く募集をかけるのかをご説明いたします。

賃貸仲介会社への空室募集の依頼は、基本的には四つの方法で行います。その四つとは、**メール（FAX）DM、電話、訪問、レインズ・自社ホームページ**です。

①メール（FAX）DM

まず、マイソク（賃貸募集チラシ）を作成し、対象エリアの賃貸仲介会社へ一斉にメールもしくはFAXを送ります。物件によって異なりますが、基本的には1～2週間に一度という形で繰り返し送ります。**どの範囲まで送るかは、その物件特性や地域特性を考慮し、入居者を募集できる最大**

の範囲を見定めます。狭すぎては効果が少なくなりますし、広すぎては余分なコストがかかってしまいます。物件の特性に合わせてエリアを選定します。特に近隣のみだけでなく、最寄りのターミナル駅や沿線の都心部ターミナル駅も重要なポイントです。

当社の事例では、例えば、宇都宮線の東大宮という駅に物件があれば、最寄りのターミナルである大宮駅からの客付けが中心になりますので大宮駅周辺の仲介会社に力を入れて営業します。東武東上線の志木駅にある物件であれば、志木駅周辺の仲介会社はもちろん、沿線ターミナルの池袋にも募集をかけます。実際、志木の物件では地元志木駅周辺の仲介会社からの客付けよりも池袋からの客付けのほうが圧倒的に多いのが実情です。

この**メール（FAX）DMは非常に効果が高い**ものです。一度も訪問していない、面識のない仲介会社から入居申し込みが入ることも頻繁にあります。また、**メール（FAX）DM**を送っておくことで、実際に訪問したときに認知されていて相乗効果が高まります。

②電話

次に、過去に取引実績のある営業マンを中心に、電話で募集依頼をかけます。

「今度当社の管理物件の○○マンションの１０３号室が空室になったので、お客様のご紹介をお願いいたします」といった内容です。

当社の場合で言えば、リーシングマネジメントの担当者が、賃貸仲介会社の営業マンと密接な関係にある場合が多いので、その営業マンに電話（主に携帯）でお知らせするケースが多いです。その他の取引実績のない会社に対しては、一律にテレアポを行います。

③訪問

そして、賃貸仲介会社への直接訪問ですが、この**直接訪問は、時間と労力はかかりますが、最も効果的な手法**です。逆に、直接訪問しないで高入居率を維持していくのはまず無理と言ってもよいでしょう。当社では、リーシングマネジメントの担当者が、対象物件のあるエリアおよび沿線ターミナル駅周辺の賃貸仲介会社を、1日平均約50社訪問し、徹底的に入居者募集の依頼を行います。訪問に関しては、対象となるすべての会社を訪問します。まずは、有力な会社から優先順位を付けて、先述の取引実績のある会社を中心に訪問します。空室の状況によっては、毎週定期的に訪問します。ポイントは、**空室が埋まるまで徹底的に訪問して周知徹底する**というところです。

賃貸仲介会社との関係ではやはり人対人ということを重視しています。

人間は顔を見ているのとそうでないのとでは対応に差が出てくるので、特に入居者の入りづらい物件であればあるほど、この訪問活動を重点的に行わねばなりません。また入居希望者の紹介依頼とともに、この訪問時に徹底したヒアリングを行います。その内容は、**なぜこの部屋は空室が埋ま**

らないのか、どうやったら入居者がつくのかというものです。家賃が高いのか、設備が不足しているのか、実際に案内をしている現場の営業マンの意見は非常に重要であり、彼らの意見を複数吸い上げて分析し、次の手を打ちます。

新規で訪問する場合には、訪問時に担当者が不在であれば名刺とマイソク（募集図面※前出では「賃貸募集チラシ」）を必ず置いてきます。すると帰社後、面識はなくても約半分の営業マンから連絡が入りますので、電話で同じように募集依頼と意見の吸い上げを行います。

ヒアリングで得た情報から必要であればオーナーさんにご報告をし、家賃を下げてもらうことや、設備を追加してもらう等の対策をすぐに取ります。**1日部屋を空けておくことはオーナーさんにとって1日分の賃料を捨てていることと同じ**です。何事もすぐに行うことが重要です。

また、訪問するに当たって、賃貸仲介会社の朝礼（夕礼）に参加させてもらうことは非常に有効であると言えるでしょう。個別の訪問では、賃貸仲介会社の営業マン全員に物件の情報をお知らせできるわけではありません。対面しない営業マンへの告知はできませんので自ずと限界があります。しかし朝礼の場に居合わせれば、その会社の営業マンが全員参加していますので、営業マン全員に告知できるというメリットがあります。朝礼では、時間を10分程度もらって物件のPRのためのプレゼンをさせてもらいます。

当社でも、空室が長引いている物件や空室が多い物件を一気に埋めたい場合などは、積極的に賃貸仲介会社の朝礼に参加させていただいています。

当然訪問先店舗の店長さんの了解を得て行うわけですが、店長さんとしても、物件の説明を直接オーナー（当社の場合は代理ですが）から聞くことができ、自社店舗の仲介売上につながる可能性が生まれるので、基本的には喜んで受け入れてくれます。

過去、この朝礼訪問を行って、空き物件を満室にしてきた実績は数限りなく存在していますので、最も有効な募集方法と言っても過言ではないでしょう。

④レインズ・自社ホームページ

四つ目はレインズを活用した募集方法です。レインズとは不動産会社だけが閲覧できる不動産の「市場」のようなもの（ネットワーク）で、売り物件や賃貸物件が登録されています。当社はここに空室をすべて登録するようにしています。賃貸仲介会社の中にはこのレインズを見て入居希望者に紹介している会社も多く存在するのです。そして、日々レインズを更新することで、自社管理物件の空室が上位に表示されるような工夫も必要になります。

また、当社では、仲介会社向けのホームページ（ＨＰ）を開設しており（http://www.musashi-leasing.jp/）、レインズに連動して空室情報を載せています。ここでは写真等レインズには載せきれない情報をアップしており、仲介の営業マンに対してわかりやすい情報提供を行っています。

幅広く募集をかけるための4つの方法

DM → 対象エリアの仲介会社へマイソクを一斉送信（定期的に繰り返し送る）。

電話 → 有力営業マンへ連絡（携帯電話にかける）。
＋
エリアの仲介会社へ一斉にテレアポ。

訪問 → 最も効果の高い手法。有力仲介会社を中心に繰り返し訪問。朝礼（夕礼）にも参加する。

レインズ・HP → 日々更新することで自社管理物件の空室が上位に表示されるよう工夫する。

さらに、入居申込書、保証会社審査申込用紙、賃貸借契約書、重要事項説明書等をすべてPDFで載せており、仲介の営業マンがこのHPから自動的に契約まで進められる体制を構築しています。営業マンは基本的に忙しいので手間をかけたくないという要望があり、その要望に応えることで入居希望者を紹介してもらいやすくしているのです。それと同時に仲介の営業マンが自動的に申し込みを入れられる体制を作っているのです。

何度も繰り返しますが、このように入居者の募集に当たっては、依頼方法を問わず、間口を広げ、多くの賃貸仲介会社から入居希望者を紹介してもらう仕組みを作ることがとても重要です。

このように**メール（FAX）DM、電話、訪問、レインズの更新を物件の状況に応じて繰り返し、**

繰り返し行うということが、地道ですが確実に入居につながる唯一の方法です。

このような形で対象となる賃貸仲介会社の店頭に管理物件の空室を並べてもらいます。次にはこの商品である空室をどうやってお客さんに選んでもらうか、つまり「売る」かというステップに移りましょう。

【ステップ2】賃貸仲介会社の営業マンに推薦してもらう

前項で対象となるすべての賃貸仲介会社に商品（空室情報）を置くことができました。しかし、商品（空室）が店頭にあればそれで売れる時代ではありません。

他にも同じような商品（空室）が山のようにあるのです。その中であなたの商品（空室）がどうやったらお客様に選んでもらえるでしょうか？

結論から言えば、**営業マンに推薦してもらうしかない**のです。

例えば、あなたが炊飯器を買おうとして家電量販店に行きます。その時にまず店員の方に声をかけ炊飯器を買いたい旨を伝えれば、店員からは予算を聞かれ、2、3の商品を薦められるはずです。そして、よっぽどのことでない限り、あなたはそのお薦めの商品を購入することになるでしょう。

もちろん、ブランド化されている商品は別ですが、ブランド化されていない炊飯器のような白物家電は、店員の推薦によって決定している場合がほとんどではないでしょうか。

空室も同様です。この部屋に住みたいと言って入居希望者が指名してくれる物件はまず稀です。ほとんどが他と差別化できない部屋なのです。その場合においては営業マンの推薦が欠かせません。数ある空室の中からいかに賃貸仲介の営業マンから入居希望者に対して薦めてもらうか。これが、空室が埋まるかどうかを決める鍵となります。

当社が重要視している点として、**賃貸仲介会社の優秀な営業マンを味方につけ積極的に入居希望者に紹介してもらう**ということが挙げられます。

賃貸仲介会社にとって、紹介できる物件が山のようにあるこの大空室時代において、その中から、窓口に来た入居希望者に紹介できる物件は、せいぜい3、4物件といったところです。入居者を見つけるに当たっては、まず物件を紹介してもらえなければ始まらないことは、先に述べた通りです。そして、**どの物件を紹介するかは、賃貸仲介の営業マン次第**なのです。

オーナーさんの立場（もしくは代理の立場）としては、いかに自分の（自社の）物件を紹介してもらえるような関係にするかが重要だということが、おわかりいただけたでしょうか？

次に、営業マンに推薦してもらうための方法をお話しする前に、賃貸仲介の現場の話をお伝えします。それは、案内数がなければ空室は埋まらないということです。

空室は実際に見てもらわなければ申し込み、契約に至りません。どの商品でも手に取ってもらう

方程式⑤「成約数最大化」の方程式

入居者数（成約数）＝案内数×歩留率

ことが重要なのです。あなたが洋服を買いに行って試着してから購入するのと同じです。これが物件の案内というものの本質です。

まずは店頭で営業マンに推薦してもらって、次に部屋を見てもらう。このプロセスが空室を埋めるために重要です。その大前提として、「何人の入居希望者に見てもらったか」つまり案内数が鍵になるということです。

新規入居者の数（成約数）は次の式で決まります。

入居者数（成約数）＝案内数×歩留率

その物件に何人の案内が入ったかという「案内数」に対する成約率を表す「歩留率」をかけた数字が、成約数になります。要するに、**案内数を増やして、歩留率を上げることが成約数を上げる**ことにつながるわけです。

当社の事例では、**空室が埋まらない理由の多くは、その部屋にほとんど入居希望者が案内されていないということ**です。つまり、入居希望者（お客様）に紹介されずに、部屋（空室）が見られていないのです。そのため、いくらリフォームしても最新設備を導入しても一向に入居者が決まらない状況になっているのです。いくら立派な商品を作ってみたところでお客様の手に取ってもらえなければその価値はわかりません。

空室を埋めるには、案内数を増やすことが絶対条件なのです。

歩留率に関しては、一般的には20％前後が業界における平均の数字と言われています。

5件案内すれば1件決まるということです。反対に言えば、空室が続いている状態の部屋は、まず5件案内できていないケースが多いのですが、それでは成約に至らないのは当たり前のことです。

もし**5件案内しても決まらない場合は、その部屋の歩留率を通常のものより下げている原因が、何か物件等にあるのではないかと考える必要がある**でしょう。

先ほどの例で言えば、商品は手に取られているけれども購入に至っていないという状況ですので、商品そのものに原因があることを考える必要があるということです。

ただし、この案内も前項で説明した営業マンの推薦がある場合とない場合では、成約率に大きな差が出ることは明らかです。案内があるだけで、すぐに成約が決まるほど甘くはありません。

案内される物件の中に入るのが必要条件だとすると、十分条件として、**「決め物件（本命物件）」という位置付けにしてもらう**、という点が挙げられます。案内をされて「この物件はお薦めですよ」と言われるのと「次に見る物件の方がいいですよ」と言われるのでは歩留率に雲泥の差が出ます。極端な例ですが、優秀な営業マンというのは、お客様に対して、物件紹介の段階から「どの物件に決めるか（決めてもらうか）」をあらかじめ考えた上で物件の紹介をしています。

ＡＢＣＤの４物件を紹介するとして、極端な話、Ａに決めることを前提にＢＣＤを紹介しているということです。Ａが一番良い物件に見えるように、Ａより劣る他の３物件をピックアップしているということです。この場合、Ａが「決め物件」となり、ＢＣＤは「当て馬物件（当て物件）」となります。

他社に管理を委託していたり自主管理したりしているオーナーさんの中には、よく「自分の物件に案内はあるのですが決まりません」と言ってご相談に来られる方がいらっしゃいます。その方の物件は「当て馬物件（当て物件）」にされている可能性が高いと言えるでしょう。自分の物件が「当て馬物件（当て物件）」であれば、いくら案内されたとしても絶対に入居者は決まりません。ちなみに、当社の歩留率は45％程度と大変高いものとなっています。これは営業マンから推薦される仕組みをしっかり構築していることが大きな要因であるのは、言うまでもありません。

もちろん、営業マンからの推薦だけではなく、部屋を魅力的なものにするのも大切な要素の一つです。いくら案内をして営業マンから薦められても、ボロボロの部屋では申し込みは入らないでしょう。詳しくは、次項および次章で説明いたしますが、**決まりやすい部屋（物件）を作ることが重要**です。また、営業マンは、そもそも明らかに問題のある部屋を案内したがりません。案内しても断られるのがわかっているから、無駄になってしまうためです。そういう意味でも、部屋をきちんと整えることは最低条件です。

では、営業マンに推薦される物件にするためにはどうすればよいのかをお伝えいたします。

①広告料を支払う

物件への案内数を増やし、空室を埋めるためには、いかに賃貸仲介の営業マンから紹介してもらい薦めてもらうことが重要かということが、おわかりいただけたと思います。ではどうすれば営業マンの推薦を得られるのでしょうか。答えはシンプルです。

営業マンの立場を理解し、その求めるところを提供すればよいのです。

まず、営業マンは基本的に給料にインセンティブが組み込まれています。売上を増加させなければ給料が増えない仕組みになっているのです。ですから売上を上げられるようにする。つまり、営業マンから紹介を受けるためには**広告料を支払うということが基本**になります。

彼らは、成約しても売上にならない物件は絶対に紹介することがありません。逆に、少しでも多くの広告料を提示すると優先的に紹介してくれるようになります。

当社は空室が多い物件には、3カ月分の広告料を支払うケースもあるのですが、すごい勢いで紹介を受けすぐに満室になってしまうことも多々あります。さらには、相場よりも高い賃料で成約するケースもあります。いかに広告料が重要かということがおわかりいただけるでしょう。

営業マンは、**広告料を多くもらえれば、高い家賃でも決めるように入居希望者に一生懸命紹介するということです**。広告料というのは営業マンにとってこれだけ重要な位置付けなのです。広告料を支払うことは入居希望者を紹介してもらう上での必須条件と言えるでしょう。

また、詳細は次章でご説明しますが、広告料は入居者獲得のためのコストです。リフォームにお金をかけるよりも広告料に資金投下したほうが、費用対効果が高いケースが多いのが実情です。

②営業マンに手間をかけさせない

営業マンは日々時間に追われており、無駄な時間を取られることを嫌がります。無駄なことに時間を取られれば自分の売上が確保できないからです。そのため、明らかに汚くて入居希望者に嫌われるとわかっている部屋は案内しても無駄に終わりますので、いくら広告料が高くても紹介しません。

逆に、案内して特に説明しなくても入居希望者に気に入ってもらえる部屋は、営業マンも薦めやすいのです。入居者受けするということは、営業マン受けするということなのです。

そのためには、次の【ステップ3】でお話しするような**入居者受けする部屋（＝営業マン受けする部屋）を作ることが大切**です。

また、案内から契約までの手続きが簡略化されていることもポイントです。例えば、物件の鍵が管理会社にあって取りに行かなければ案内できないような物件は敬遠されます。なぜなら手間がかかるからです。また、契約書が複雑で入居希望者に説明できなかったり、特殊な文言が入っていたりするのも敬遠されます。

さらには、入居後のクレーム対応も重要です。入居者が入居した段階での部屋の不具合等に関するクレームは、まず営業マンにいきます。そのクレーム対応を営業マンは非常に嫌がります。時間ばかり取られるので当然です。極端な話、クレームの多い管理会社やオーナーの物件には今後入居希望者を紹介しないと言われてしまうこともあるぐらいです。クレームが起こらない体制を作ることと、万が一クレームが起こったときには迅速に対応することが求められます。

とにかく、物件紹介から案内、契約、入居後のフォローまで、いかに営業マンに手間をかけさせない仕組みを構築するかが重要になります。

③営業マンとの人間関係を構築する

広告料の重要性をご説明いたしましたが、広告料さえ払えばよいのかと言えば、必要条件だけれども十分条件ではないというのが答えでしょう。なぜなら、他のオーナーさんやＰＭ会社も同じように広告料を払ってくることがよくあるからです。

つまり、広告料だけでは完全な差別化要因にはならないということです。その差別化要因として営業マンとの人間関係構築の重要性が挙げられます。営業マンも人間ですので良好な人間関係を構築している人と取引をしたがります。

まして上から目線で「広告料を払うんだから言われた通りに紹介しろ」という態度のオーナーさんは嫌われます。実際、そのような態度のオーナーさんに頭にきて、その場でオーナーさんが持ってきたマイソクを破り捨てたという営業マンの話もあります。


では、賃貸仲介の営業マンとどのように付き合いを深めていけばいいのでしょうか？

現金を個人的にあげればいいのでは？

接待してたくさんお酒を飲ませればいいのでは？

など、いろいろな考え方があるかと思いますが、結局のところ、これといった正解はありません。営業マンの立場は様々ですから、会社や周囲の人などをよく観察し、その立場を理解した上でそれぞれの対応を考えることが重要でしょう。

個人としての売上を上げなければいけない立場なのか、店全体の売上が重要なのか、それとも個人的なインセンティブ（お小遣い）を求めているのか、はたまた飲みに行くのを求めているのか。相手の立場、求めているものに対して、適切な訴求をすることが重要になることは言うまでもありません。

例えば、会社として個人へのインセンティブを半ば公に認めているような賃貸仲介会社があります。このような場合には積極的に個人へのインセンティブを支払うべきでしょう。そのインセンティブが営業マンにとっての重要なモチベーションになるからです。この場合、広告料（会社に支払う）は抑えても、その浮いた分を個人に支払う形を取ります。

反対に、会社として個人へのインセンティブは一切禁止しているケースも多々あります。特に大手のチェーン店系仲介会社は、ほとんどが禁止です。このような場合、無理やり個人に対する報酬を渡すことは、相手に対して、クビになってしまうかもしれない大きなリスクを負わせることになります。迷惑が予想されるばかりで、せっかくの厚意が仇になってしまいます。そのような場合には、例えば年末時期に食事に（飲みに）誘ったりするのが有効な方法です。

また、当社のリーシングマネジメントの担当者の事例では、ゴルフが好きな営業マンとゴルフに行ったりして親睦を深めています。

いずれにしても、**相手の状況をよく理解した上で付き合う必要があります。**

ここでもう一つ問題となるのが、どのような営業マンが優秀であるのか、という点です。

長い時間をかけて付き合えば、その実績が自ずからわかってくるでしょうが、初めのうちはわかりません。当社が試している方法には、まず賃貸状況のヒアリングを行った段階で、**そのエリアの物件がどれだけ頭に入っているかを見る**、というものがあります。これは、単純な話ですが、できる営業マンほど取引実績が豊富ですから、エリアの物件情報に精通しているわけです。

どこどこの物件がいくらで募集していていくらで決まったか、この物件はなぜこの条件で決まるのか（決まらないのか）等々、そのエリアの物件にまつわる取引事例がポンポン出てくるような営業マンは、基本的に優秀であると言ってよいでしょう。

逆に、聞いてもはっきりと取引事例が出てこなかったり、インターネットのアットホーム（不動産情報サイト）から探し出そうとしたり、といった営業マンでは、力量は期待できないと判断するのが無難です。

【ステップ3】入居希望者に住みたいと思われる部屋を作る

ステップ1、2で幅広く募集し、営業マンに推薦される仕組みを作ってきました。そして、最後に部屋を決めるのは入居希望者です。いくら薦められても、最後は入居希望者本人が気に入らなければ成約に至りません。ステップ3は入居希望者に住みたいと思われる（好まれる）部屋を作るということです。詳細は7章でご説明いたしますが、**トレンドに乗ったちょっとおしゃれな部屋を作ること**です。ただし、あくまでもアパート経営は事業ですので、費用対効果を重視しなくてはなりません。当社ではこれをパッケージ化して「武蔵仕様」として統一して施工しています。

この武蔵仕様を作るメリットは、入居希望者からの申し込みを受けやすくするだけではなく、賃貸仲介の営業マンに対する訴求効果が高まるということです。

入居希望者に気に入られやすいということは、当然成約の確率が高くなるため、営業マンも紹介したくなります。つまり気に入られやすいということは売上になりやすいということです。先述の通り、営業マンにとってはできるだけ無駄になる内見（案内）は行いたくないのが本音なのです。

また、統一の仕様にすることで賃貸仲介の営業マンにとっていちいち部屋の内容を確認しなくてもよいというメリットは見逃せません。毎回同じ仕様ですから、退去の申し込みが出た時点で空室の連絡を入れれば、すぐに入居希望者に紹介できる仕組みとなります。

通常退去の予告は1カ月前にされますので、まだ入居中の時点で新規の入居希望者に営業ができるため、空室期間の短縮につながります。さらに、パッケージ化して大量に施工することで工事業者に対して単価の引き下げ交渉もできますので、工事費を安く済ませることができます。

このように、最終的に入居希望者に選ばれる部屋を、いかに費用対効果を考え、かつリーシングを考慮して作れるかがポイントというわけです。

5-06 マイソクは賃貸営業マンと入居希望者双方への訴求が重要

先述の通り、募集図面（チラシ）を業界では「マイソク」と呼びますが、このマイソクの作り方も、入居者を獲得する上で非常に重要です。

最も大事なのは、**マイソクは入居希望者と仲介会社（営業マン）の両者へ訴えるものでなければならない**という点です。賃貸仲介の営業マンはマイソクを見て案内しよう、さらには成約させようと思います。入居希望者はそのマイソクを見て部屋を見てみよう、そして部屋を見た後にまた確認したり、家族に相談したりして、この部屋に決めようと思うのですから、「両者」への訴求は当然です。

しかし一般的なマイソクは、入居希望者のみに一生懸命訴えるように作られています。もちろん、これはこれで重要なことです。入居希望者が見て、部屋を見たいと思うようなマイソクでなければ、いくら営業マンが紹介しても断られてしまいます。

ただ、より重要なのは、**営業マンが入居希望者に対して、紹介したくなる、さらには成約させたくなるようなマイソクになっているか**どうかということです。

では、営業マンが物件を紹介し、成約させたくなるマイソクとは、一体どのようなものなのでしょ

マイソクは営業マンと入居希望者両者へ訴える

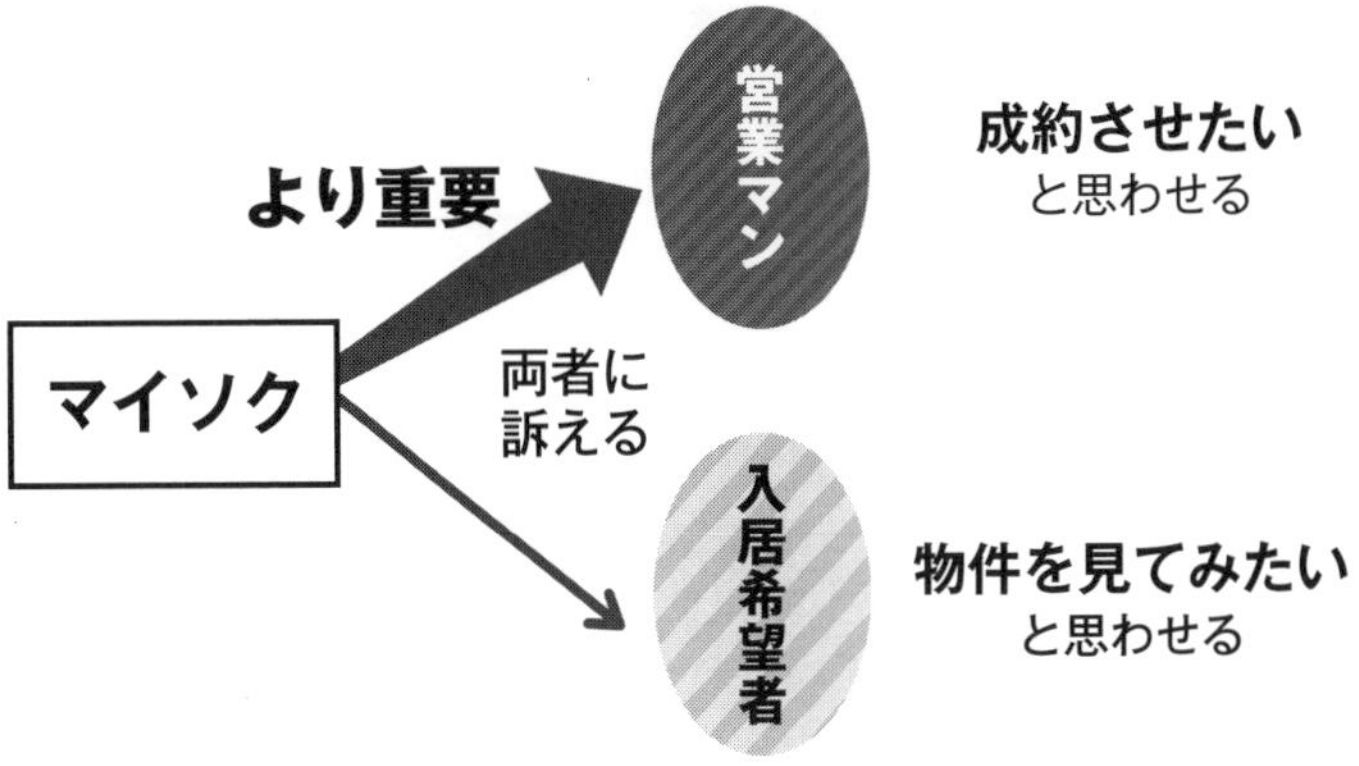

うか。それは以下の内容を満たしているようなマイソクです。

・案内に際して必要な情報（募集条件、鍵の場所、連絡先、入居開始日、担当者の携帯番号etc.）
・広告料
・HPに物件掲載の可否

これらは一見当たり前のように感じるかもしれませんが、意外に抜けているマイソクが多いのも事実です。

意外に重要なのは、管理会社の担当者の連絡先（それも携帯番号）を明記しておくことです。なぜなら、営業マンはお客様と窓口でのやりとりの中で動きます。その一瞬は非常に重要で、入居希

マイソクの良い例

㊇ 特にアピールしたい点は大きく明記
（例:駅近・商業施設・最新設備等）

㊇㊥
告知事項も明記

㊇
写真も大きく
イメージしやすい

㊇
設備の点数が多くなれば
入居希望者へのアピール度も
高くなります

㊇㊥
決った部屋をあえて
載せることで空室の
希少性をアピール

㊥
案内に必要な情報を明記
（現地に鍵があるので
いつでも案内可能）

HP掲載の
可否を明記

㊥
仲介手数料は
100%仲介会社に
支払われることを
明記

㊥
営業マンへの訴求ポイントである
広告料を大きくアピール

㊥
いつでも連絡がとれるよう
携帯番号を載せている
（休日でも対応可能）

㊇
入居者に合わせて
物件周辺施設を変える
（ファミリー:学校など）

㊇:入居希望者への
メッセージ
㊥:仲介会社への
メッセージ

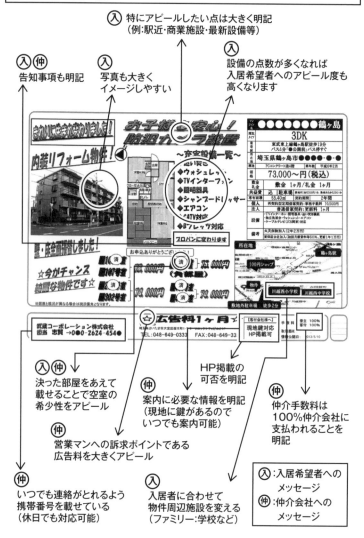

マイソクの悪い例

(入)
空室一覧が大き過ぎるため、
紙面を有効に活用できていない

(入)
表記が小さいためせっかくの
キャンペーンがアピールできていない

(入)
写真が小さく物件を
イメージできない

(入)(仲)
方位が明記されていない

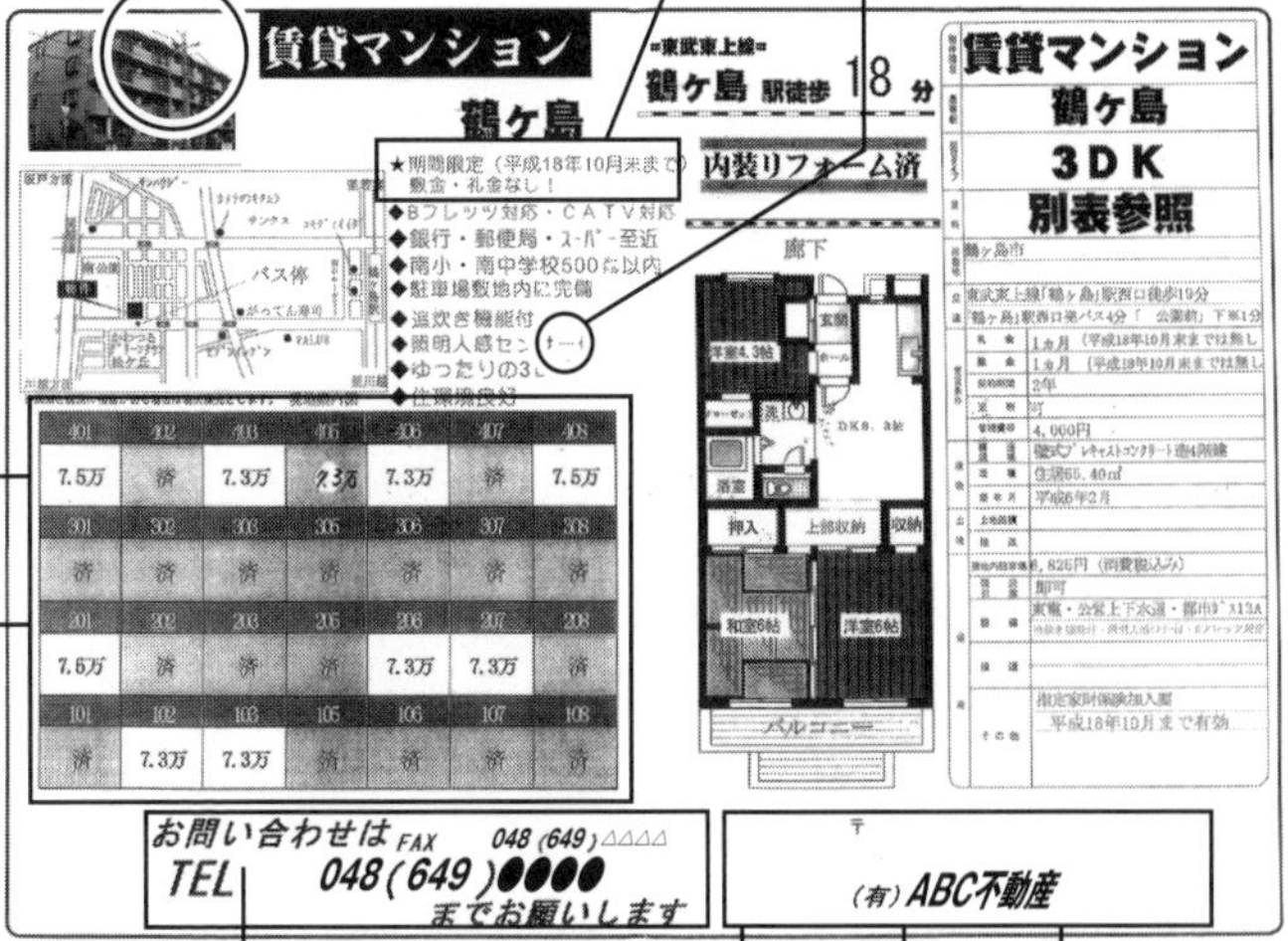

(仲)
携帯番号がないため
対応時間や曜日に制限が出てしまう

(仲)
HP掲載に
対応していない

(仲)
現地に鍵がないため
案内件数が減る

(入)(仲)
空室すべてが出ているため
不人気物件だと思われてしまう

(仲)
広告料はおろか仲介手数料の
按分の表記さえない
仲介業者が案内する気にならない

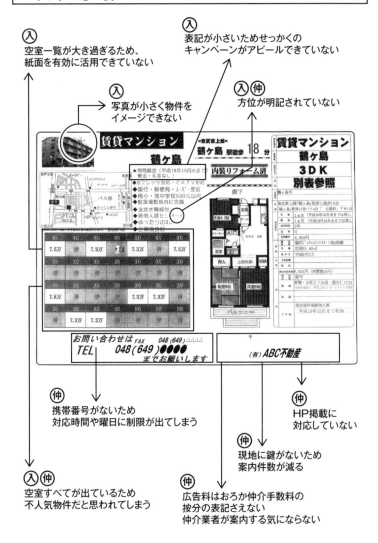

望者から聞かれてわからないことでも、その場で答える必要があります。また、条件交渉が入った場合もその場で答える必要があります。

それができなければ、お客様は次の物件に行ってしまうからです。

営業マンとしては、その場で連絡の取れる携帯番号に連絡でき、即座に確認することができれば、入居希望者の疑問に答えられるわけです。しかし答えられなければ、違う物件で、ということになってしまうかもしれません。営業マンと必ず連絡を取れる体制を整えておかなくてはなりません。

当社のリーシングマネジメントの担当者は、すでに取引のある営業マンとは常に携帯でやりとりできる関係を構築しています。

案内の入るタイミングや質問、条件交渉が入るタイミングで当社の担当者の携帯に連絡が入り、その場で答えを伝えるようにしています。

そして、先述の通り、**営業マンとして、一番気になるのは広告料**です。要は、この物件を成約できたら自分にとっていくらの売上になるのかということです。当然ですがはっきりとわかりやすくマイソクに記す必要があります。

5-07 仲介手数料と広告料の仕組み

仲介手数料と広告料に違いはあるのかと言えば、言葉は違っても実質は同じです。入居者が決まったとき（賃貸借契約が成立したとき）に、入居者およびオーナーさん（もしくは代理）から賃貸仲介会社に支払われる入居および、入居者獲得の対価（成功報酬）です。

では、なぜこのように同じ性格の報酬に対して二種類の言葉があるのかと言えば、不動産業界を規制する宅建業法という法律に原因があります。

その法律の定めるところでは、入居者の成約時の報酬である仲介手数料として、入居者およびオーナーさんから、合わせて家賃1カ月分が上限と定められているのです。入居者が1カ月分を支払えば、オーナーさんはゼロということになりますし、入居者とオーナーさんがそれぞれ0・5カ月分ということもあります。

しかし、合わせて家賃1カ月分の仲介手数料で現在の賃貸市場が回っているのかというと、そうではありません。要するに、その報酬では賃貸仲介会社はやっていけない、ということです。

また、現在のような供給過剰時代においては、広告料なし、あるいは半月分といった条件で入居希望者を紹介してくれる仲介会社は多くありません。そのため、実際のところは宅建業法の仲介手数料の規定は有名無実化していると言えます。

しかし法律は法律として、当然守らなければいけません。そこで、チラシ広告、インターネット広告を行った対価として、「広告料」という名目で各会社は仲介手数料とは別の対価を受け取ることになっているのです。実際にお金をかけ、入居者の募集を行う際に広告宣伝活動を行った分の対価というのが建前上の原則です。

そのため、一般的には入居者が支払う報酬が仲介手数料、オーナー側が支払う報酬が広告料として分けられていることが多いのです。なぜなら、入居者募集のための広告宣伝活動を依頼するのはオーナー側だからです。

そして、オーナーさんにとって広告料が有効であるということは先述の通りですが、有効に使うためには広告料の行方に気を付けなければいけません。

広告料は入居者獲得のためのコスト（変動費）ですから、入居者を紹介してくれる客付（仲介）会社に支払われることが最低限必要です。

そして、客付けをする仲介会社の報酬が必ず〔広告料＋仲介手数料〕を取れる「両手」となるようにしなければ紹介してもらえません。

広告料と仲介手数料の仕組み

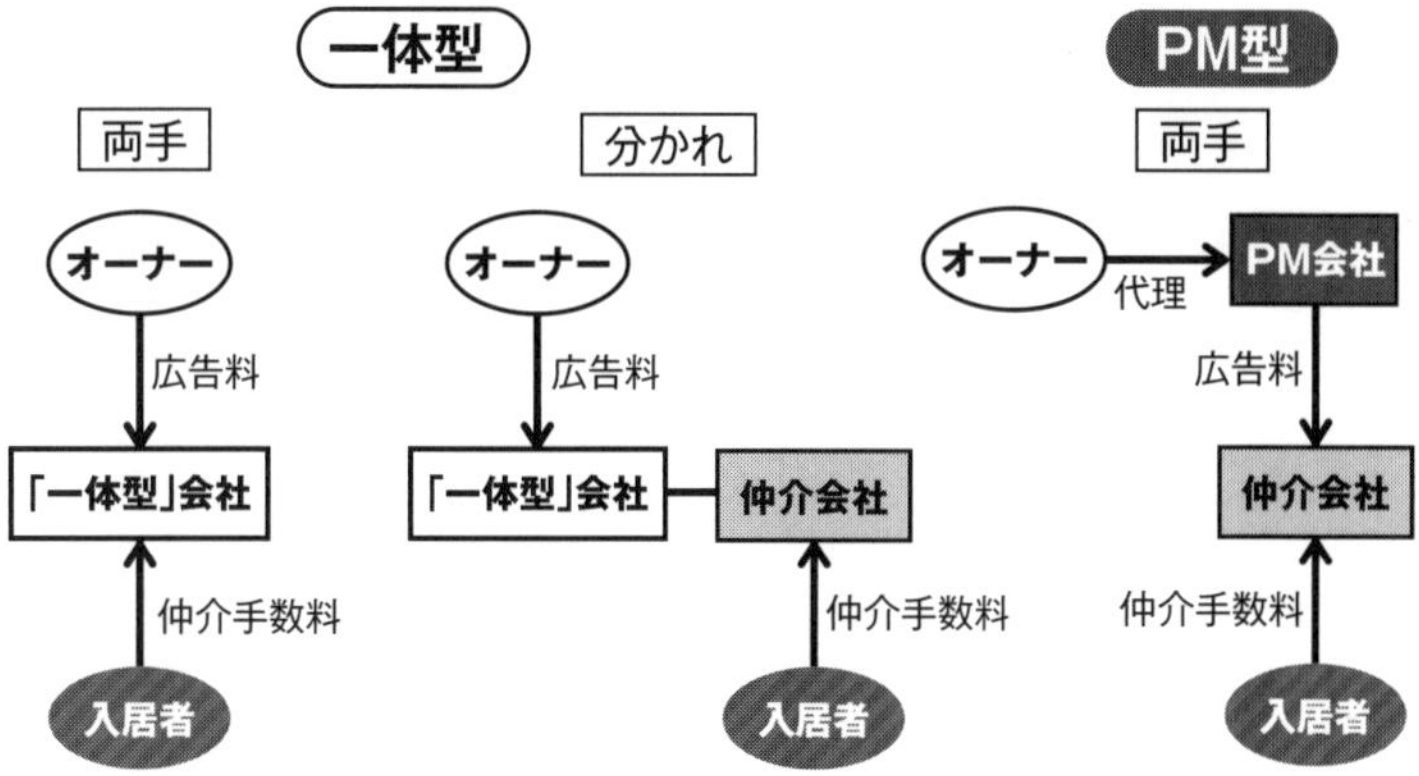

ちなみに、「PM型」の管理を行う当社では、入居者が決まった場合、オーナーさんからは、広告料としてはもらわず、契約事務手数料という形で家賃の0・5カ月分だけをいただくようにしています。

また、オーナーさんが負担する広告料はすべて客付（仲介）会社にいく体制をとっています。

これによって仲介会社は必ず「両手」となり、入居者を紹介してくれるのです。

5-08 広告料の活用の仕方

先に入居希望者を仲介会社から紹介してもらうためには、広告料を支払うことが必須であるとお話ししました。ここではもう一歩踏み込んで、広告料の活用の仕方を考えてみたいと思います。広告料の活用の仕方で、入居付けの仕方がまったく異なるということを理解してください。

まず、入居者獲得に当たってオーナーさんが支払う広告料の相場について見てみましょう。

広告料は、基本的に「家賃の何カ月分」という形で計算されます。そして、その月数は賃貸の需要と供給のバランスによって変わってきます。昔（空室がないため「入居者が部屋に入居させてください」という時代）は、オーナーさんが広告料を払うという慣習はありませんでした。しかし、現在は、そういう時代ではありません。完全に部屋余りの時代になっています。

それほど空室のないエリア、もしくは空室が出ても募集をかければすぐに決まるようなエリアは広告料もそれほど高くなく、通常は家賃の1カ月分程度です。

反対に、空室率の高いエリアにおいては、この相場が大きく跳ね上がるわけですが、代表的な例として、札幌市が挙げられます。札幌市は、極端に供給過剰になってしまっているため、賃貸仲介会社に支払う広告料も高くなるのです。

札幌市では一般的には家賃の3～4カ月分が相場になっているのですが、なかには5カ月分、6カ月分を支払うオーナーさんもいます。ずっと空室のままでいるくらいなら、5カ月分の広告料を支払ってでも入居者に入ってもらったほうがよいという考えがその背景にあるわけですが、それにしてもすごい金額です。

では、このような広告料をどう使うのか。広告料の支払いは、オーナーさんの収支に大きな影響を及ぼします。

結論から言えば、広告料は入居者獲得のコストと位置付けることです。

このコストを**相場よりも若干多めに払うことで優位な入居付けができる**ようになります。

空室期間の短縮や、相場賃料より高い賃料で決めることが可能となります。

相場が1カ月のエリアで2カ月の広告料を支払えば、仲介の営業マンは積極的に入居希望者を紹介してくれます。1カ月空室が出れば2カ月分の広告料と同じことになってしまいますし、3カ月になれば逆に1カ月分ロスが出てしまいます。このように考えれば1カ月分多く払って空室期間を縮めることは有効となります。

同様に広告料を多めに払うことで、相場より高い賃料で決まるケースが多々あります。営業マンとしては何とか決めようとしますので、一生懸命推薦してくれます。結果として相場が5万円の物件が5万5000円で決まるということがよくあります。これは、売却を想定している場合には非常に有効な手法です。5000円賃料が上がるということは年間6万円上がります。利回り10％で売却する物件であれば60万円高く売れることになるのです。5万円（1カ月分）余分にかけた広告料で、60万円のリターンがあったことになります。

このように広告料は使い方次第で入居付けに非常に大きな影響を与えます。

リーシングマネジメントにおいては広告料の使い方は非常に大切になってきます。

ただし、今後の日本の人口減少社会においては、広告料の相場が空室率の上昇とともに上がっていくことは避けられません。それだけ新規に入居者を入れるということはコストのかかることになるのです。

5-09 入居審査について

入居審査については、オーナーさんやＰＭ会社は直接入居希望者とやりとりするわけではありません。入居希望者の見極めが仲介会社を介して間接的になってしまうわけですから、**最低条件として保証会社に入るというのは必要**です。これは経済的なリスクヘッジのためです。保証会社に入れるかどうかというのは審査に通るかどうかということですから、とてもわかりやすい指標だと言えるでしょう。

問題は、経済的な問題以外の定性的な面をどう判断するかという点です。定性的な面とは、例えば暴力団関係者であったり、騒音を出すような問題を引き起こす人であったりという面です。これらは保証会社の審査ではすべてがわかるわけではありません。

見分け方は客付（仲介）会社から書類を多くそろえてもらうことで判断します。免許証のコピー、勤めている会社の情報等です。書類はできるだけ原本に近い形でそろえてもらいます。例えば免許証のコピーをＦＡＸではなく、郵送してもらい、できるだけ、本物の情報を得て見極める精度を高めます。**自営業者で事業内容が不明瞭であったり、免許証の提出を拒んだり、緊急連絡先に親族**

の連絡先を書かなかったりする、といったケースは注意が必要です。

最後は勘に頼らざるを得ないのですが、経験の中から危ないと判断される場合は勇気を持って入居を断ることも重要です。

また、当社の事例では、仲介会社と繰り返し取引していますので、変な入居者を紹介されるリスクは低くなっています。仲介会社としてもPM会社はお得意先で、滞納等トラブルを起こす入居者を紹介するわけにはいきませんので、慎重な審査をかけるということが習慣化しているわけです。

そのためにも、スケールメリットの働く管理会社を選択することは大切です。

また、当社の社員が入居希望者とWEB会議システムを利用した面談を行って審査し、事前に滞納者やモンスター入居者となるリスクがある方かどうかを判断しています。

5-10 募集媒体について(ネット掲載は有効か?)

本項では、募集を行う媒体について考えてみたいと思います。

昨今は、インターネットで簡単に部屋を探せる便利な時代となりました。希望条件を入力すれば、その条件に見合ったいくつもの部屋が簡単に閲覧できます。

そのような時代ですから、賃貸の募集においては、いかにインターネットでの広告宣伝活動が重要であるかと思われるかもしれません。

しかし当社では現在、自社でアットホームやヤフー不動産のようなインターネット広告を行っていません。

それには、「PM型」の管理会社の立ち位置が、入居希望者を直接見つけるものではなく、賃貸仲介会社に対しての依頼活動をするものであるから、という理由もありますが、それ以上に、この**賃貸仲介の世界はまだまだアナログの世界**であるからです。

部屋を探しに店舗に行った人は、当然店舗(窓口)で賃貸営業マンから話を聞くことになります。

すると「ネットでAという部屋を見たのですが、実際に部屋は見られますか？」という話になりますが、そのままAの部屋だけをその営業マンが案内することはあまりないでしょう。それよりも、「もっといい部屋Bがありますよ。Aはもう決まってしまったのでCという部屋がありますよ」といったやり取りのほうが、現場では行われています。

なかにはインターネットで見て問い合わせをし、そのままその部屋に決めるというケースもあるでしょう。

しかしオーナーさんの立場で考えれば、効率と確実性のどちらから見ても、力のある賃貸仲介会社に営業（募集の依頼）を行うほうが、圧倒的に有効なのが現状です。

もちろんインターネット広告は出したほうが良いわけですし、**賃貸仲介会社にネットへの掲載を依頼する必要はあります。しかしインターネットに掲載しただけで空室が決まるようなことはない**ということをお伝えしたいのです。

今後ネットの重要性は高まっていくと思われます。しかし、現時点では、やはり先に述べたように、ネットだけに頼っても思ったほどの効果は上がりません。賃貸仲介会社へ営業（募集依頼）を行い、優先的に入居希望者を紹介してもらえる関係を構築することが重要です。

5-11 生活保護受給者への対応方法

昨今の不景気や一部の人のモラルの低下によって、生活保護受給者の数が過去最高を更新し続けています。現在ではその数は200万人を大きく超えています。受給者の家族まで含めればその3～4倍と膨大な数になります。

アパート経営においても、以前は例外的な存在であった生活保護受給者が一定の規模を占めるに当たって、彼ら専用の対応が必要になっています。当社の管理物件においても、生活保護受給者の数は単身世帯を中心に全体の10％近くの規模まで増えています。数として無視できない規模になってきており、**生活保護受給者を取り込まなければ入居率を上げられない**ところまで来ているのです。

一方で生活保護受給者においては一般の方とは異なるデメリットもありますので、リーシングにおいてはそのメリット・デメリットを理解した上で対応していく必要があります。

まず生活保護受給者の取り込み方法についてですが、有効な方法としては専門仲介会社との連携が挙げられます。当社のあるさいたま市においては、生活保護受給者を専門に仲介する不動産会社（賃貸仲介会社）が出てきていますが、その会社と連携を取ることで生活保護を受けている入居希望者を優先的に紹介してもらう仕組みを構築しています。

生活保護受給者を受け入れるメリットとしては、行政側がお金を出すため、敷金・礼金等の初期費用や2年に一度の更新料をしっかり取れることがあります。現在の市況は空室率が高いため、一般の入居者においては入居交渉の中で初期費用を削られたりすることも多いのですが、生活保護受給者は行政側が寛容なため満額取れます。

一方、デメリットとしては、滞納リスクが一般の方に比べて高い点が挙げられます。そのため保証会社への加入を積極的に行う必要があります。現在では当社の提携している複数の保証会社で生活保護受給者の保証をしてくれるようになっていますので、保証会社への加入は優先するべきです。万が一保証会社に入れない場合は、**行政から家賃などを直接管理会社に支給してもらう措置を取るべき**です。生活保護費がいったん受給者に入ってしまえば、個人的なことに使ってしまい結局滞納、というケースになることが多々あります。

ですから、初めから家賃と生活費は別にしてもらい、直接管理会社に振り込んでもらうのが得策でしょう。これによって滞納のリスクはなくなります。ただし、入居後に生活保護を打ち切られたりした場合は滞納リスクがその時点で発生しますので注意が必要です。また、自治体によっては、管理会社へ家賃を支払うことを拒否する自治体もあります。さいたま市においても区ごとにその対応はまちまちなのが実情です。

5-12 テナント（店舗、事務所）のリーシング

これまで居住用の物件のリーシングについて説明してきました。しかし、アパートにおいては、1階や2階に店舗や事務所が入っている場合も多々あります。この店舗・事務所のリーシングについても説明したいと思います。

基本的には居室のリーシングと同じようなステップで進めますが、先述の3ステップだけでは不十分なところがあります。当社で実際にテナントのリーシングを実施し、成果を上げてきた特徴的な方法をご紹介しましょう。

まずは**看板設置**です。店舗や事務所を探す方は必ずしも仲介会社だけで探すわけではなく、ターゲットとする場所の周辺を歩いて探す場合が多くあることをご存じでしょうか。私も起業したときは歩いて事務所を探し、設置してある看板を見て管理会社に問い合わせ、入居を決めました。そのため、対象物件には目立つような看板の設置を行うことは必須です。かつ、大きく連絡先を入れることです。実際、テナント物件においてもこの看板からの集客は相当数あるのです。

次に、**事務所の場合においては周辺のテナントにＦＡＸやメールで直接募集をかける方法が効果**

的です。なぜなら事務所物件は、周辺にある会社から移転してくる可能性が高いからです。手狭になり拡張したいケースや逆にコストカットのために縮小しなければいけないケースなど様々な理由はありますが、近隣企業へのアプローチは非常に有効です。まず、周辺企業のリストを専用のリスト会社から購入します。そしてマイソクをＦＡＸもしくはメールで送ります。ポイントはそれを繰り返し行うことです。

一等地を除いて、店舗・事務所はいったん空室になると次のテナントがなかなか決まらないのが通例ですが、このような方法を使うことによって決まる確率が高くなっていきます。逆に言えば、現在の市況においては、通常のテナントの空室はここまでやらなければなかなか決まらないとも言えます。

column 3

オフィスビル業界におけるプロパティマネジメント

「プロパティマネジメント型」の管理システムは、アパマン業界ではまだ一般的に普及していませんが、オフィスビルの世界ではわが国においてもすでに一般化しています。

大規模ビルであればあるほど、そのビルオーナーはビル経営を専門のプロパティマネジメント会社に委託し、そして、専門知識・ノウハウを持ったプロパティマネジメント会社同士の競争が、すでに繰り広げられています。

オフィスビルの世界では、アパマン業界で一般的な「賃貸仲介会社が管理会社を兼ねる」ケースは主流ではありません。管理を行うプロパティマネジメント会社とテナント仲介を専門に行うリーシング会社が明確に分かれているのが特徴です。

プロパティマネジメント会社では、財閥系不動産会社の子会社（三井不動産ビルマネジメント等）やザイマックスといった会社が有名です。これらの会社は自社では客付けは行わず、リーシング会社にテナント営業（客付け）を依頼しています。

リーシング会社で有名なところでは、三幸エステートや三鬼商事といった会社があります。

これらの会社はいわゆる仲介（テナント営業）に特化しています。

オフィスビルの業界では、早くからこの分化が進んでいます。その理由はいくつか挙げられますが、所有者がファンドなどの機関投資家であるということです。機関投資家にとっては、先述した管理と仲介が一体化していることによる「利益相反（矛盾）」については認められないものだからです。

当社のプロパティマネジメントは、このオフィスビル業界の手法をベースにしています。これは私（大谷）が三井不動産時代に経験したリーシングマネジメントを、アパマンの世界に応用したのがきっかけです。おそらく今後は、アパマンの世界もオフィスビルの世界と同様にプロパティマネジメントが当たり前の時代になることが予測されます。

6章

リフォーム理論編

アパート経営における支出の重要な位置を占めるリフォーム（改修工事）。利益を最大化するためにどのような基準や考え方でリフォームを行うべきなのかをご説明します。

6-01 アパート事業における リフォーム（改修工事）の目的とは

6章は、リフォーム理論編として、利益の最大化を目的としたリフォーム（改修工事）の方法についてお伝えします。リフォームはアパート経営における支出の大きな位置を占めますので、この支出をどのようにコントロールするかが、アパート事業の成否を決めることにもなります。

リフォームを行うに当たって、すべての基本となる考え方が、**費用対効果の視点**ですが、そもそもリフォームを行う目的は次の2点に集約されます。

①歩留率（成約率）の向上
②資産価値の維持・向上

①の歩留率（成約率）とは、先述の通り「案内した入居希望者に、いかに申し込んでもらうか？」ということになります。案内数だけ増えても、入居希望者に気に入られなければ空室は埋まりません。当たり前ですが、リフォームのされていない部屋を見てもらっても、よほどのことがな

い限り申し込みには至りません。

かといって、とにかくリフォームされていればよいかというと、残念ながらそれも違います。現在の大空室時代においては、リフォームしたところで、そこに何の工夫もなければ入居希望者は見向きもしません。工夫とは、例えばクロスや設備は流行りのものを使うとか、色調を考えるといったことです。小さなところでは、室内の臭いなども歩留率を下げる要因となります。実際にリフォーム後、数カ月経った室内は下水の臭いが充満している場合が珍しくないのです。

「あの部屋はリフォームしたから大丈夫」と安易に考えると、大きな機会損失を招くことにもなるでしょう。そのため、リフォームやクリーニング方法に気を付けるのはもちろんのこと、リフォーム後の室内の状態にも、十分気を付けることが重要です。

室内以外、エントランス等の共用部の状態も入居希望者は気にします。

これからの数年間を過ごすわけですから、「楽しく暮らせるかな」「変な人は住んでいないかな」等と、入居希望者は想像以上に細かいチェックをしています。逆に言えば、そういった細かな点に気を付けることで、他の物件に勝つこともできるでしょう。

また、室内にスリッパや芳香剤等を置き、入居希望者に気持ち良く内覧してもらうことも重要で、当社ではリフォーム終了時に工事施工会社が設置するようになっています。

②の資産価値の維持・向上も重要になります。アパート事業という視点に立てば当たり前のこと

リフォームを行うに当たってのポイント

目的
- **①歩留率の向上**（入居申し込みにつなげる）
- **②資産価値の維持・向上**

POINT　常に費用対効果を考えて行う

ですが、常に物件を高く売れる状態に保つことが基本となります。

基本的には賃料収入によって物件の価値が決まりますので、賃料を確保することが大切です。アパート事業の前提は決して「売却」することではなく「保有」にあるわけですが、いつ売却してもよいような備えをしておくことは大切です。

ただし例外もあります。それは、数年後に取り壊す前提で物件を運用している場合です。たった数年間物件を保有するために、高額な工事費用をかけて修繕するのが得策ではないのは明らかでしょう。

物件の運用方針によって行うべきリフォームの内容が変わってくるということです。

6-02 「復旧工事」と「アップグレード工事」に分けて考える

賃貸物件のリフォームには、**不具合を正常化する「復旧工事」と、物件の価値向上を目的とした「アップグレード工事」**の二種類があります。

「復旧工事」はマイナスをゼロに戻すものです。「アップグレード工事」は文字通りプラスαを求め、家賃の維持またはアップを狙うものです。

簡単な例を挙げるなら、「復旧工事」は、水道から水が漏れているとか、網戸が破れているといった不具合の修繕です。もっと大規模なものだと、外壁のタイルがはがれ落ちる寸前で、そのままでは入居者や通行人に被害が及ぶ場合の工事などです。要するに、**その工事をやる、やらないの判断ではなく、やらなければ物件を運営できないものが「復旧工事」**だと考えてください。ただし、「復旧工事」においても「費用対効果」の視点は重要ですのでコストを抑える工夫は必要です。

一方の**「アップグレード工事」**は、「復旧工事」と異なり、**必ず行わなければいけないものではなく、「費用対効果」を考えてやるか、やらないかを判断する工事**です。例えば、キッチンを変えた場合に、現状のままと交換した場合とで比較し、どういった効果が得られるのかをきちんと考え

「復旧工事」と「アップグレード工事」の考え方の違い

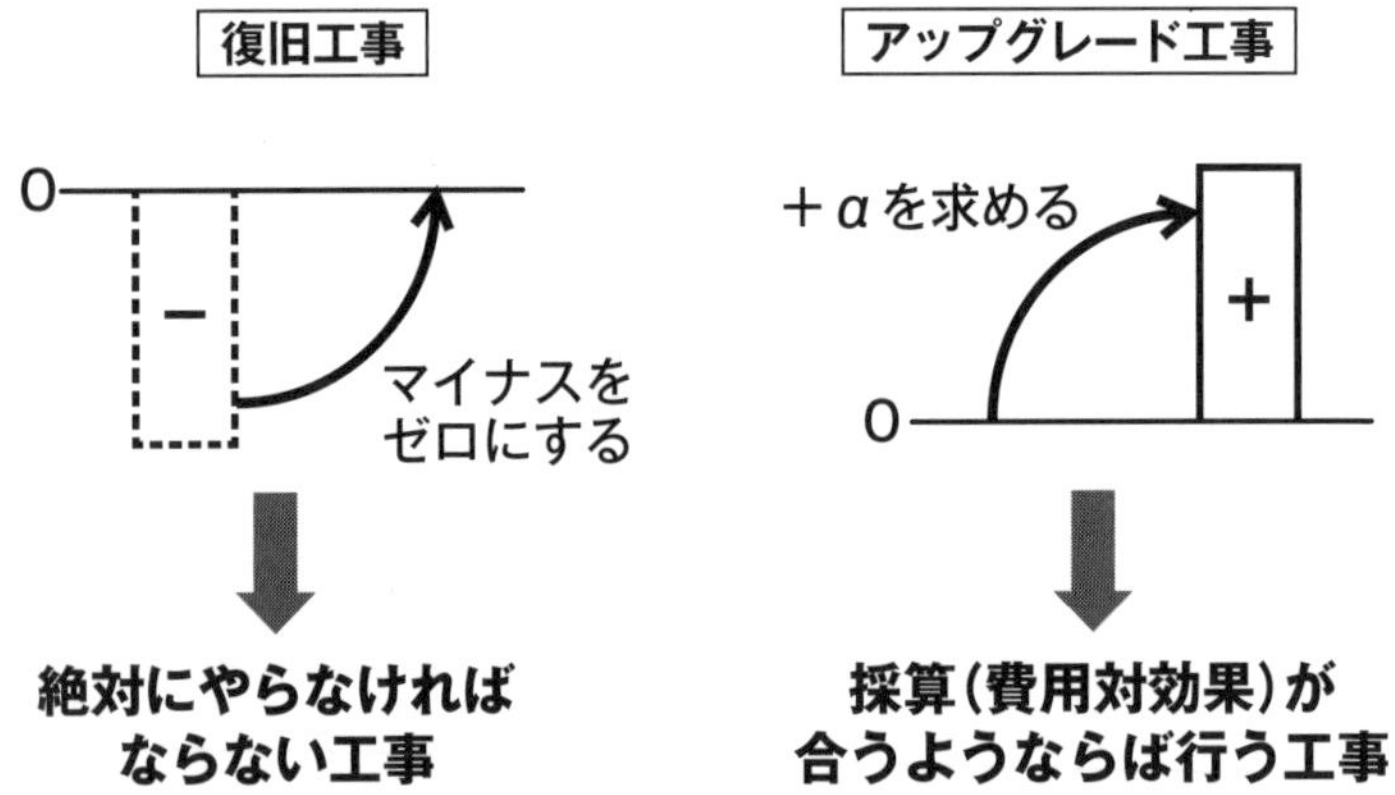

復旧工事
0
－
マイナスを
ゼロにする
絶対にやらなければ
ならない工事
アップグレード工事
＋αを求める
＋
0
採算（費用対効果）が
合うようならば行う工事

る必要があります。

賃料アップなどに効果が表われなければ、無意味なリフォーム（支出）となってしまいます。工事を行う場合には、まずそれが「復旧工事」なのか、それとも「アップグレード工事」に該当するのかをしっかりと考えた上で判断することが大切です。

もちろん、両方が混在する場合やはっきり線引きできない工事もありますが、リフォーム（改修工事）を行う上での基本的な考え方として認識しましょう。

6-03 「アップグレード工事」を行う場合は、「利回り」を常に考える

再三申し上げますが、アパート事業は、利益＝（売却額－取得額）＋（収入－支出）を最大化することが目的です。リフォームに関しても、この考え方を適用しなければ事業はうまくいきません。

費用対効果（＝「利回り」という考え方）が重要なのです。

その費用をかけること（支出をすること）でどれだけの賃料を取れるか?、賃料下落をどれだけ食い止められるか?、売却価格にどれだけ反映されるか?ということです。

アパート事業は長期にわたりますので、リフォームについても投資基準を持って行う場合と、持たないで行う場合とではその運用結果に大きな差が出てきます。

クロス一つとっても、同じようなデザインで価格の差は倍ほどありますし、その気になればいくらでも高価なものが存在します。

つまり、**賃料上昇分を利回り計算し、物件購入（建築）時の利回りより高ければ施工メリットは高い**と判断できます。

例えば、和室から洋室への変更工事を行うことで3000円の賃料下落を抑えることができれ

和室（工事前）

洋室（工事後）

和室➡洋室への変更工事費用

150,000円

賃料上昇（下落抑制）

月間3,000円（年間36,000円）の下落抑制

「リフォーム利回り」

36,000円÷150,000円

＝利回り24％

取得時利回り24％以下の場合➡効果高い

ば、上の図の計算式の通りメリットがあると考えてよいでしょう。

このように、**リフォーム（アップグレード工事）にも「利回り」という考え方を取り入れることで、やるべきものと、やる必要のないものの判断が明確になります。**

物件の管理を管理会社に任せている方も多いでしょう。

費用対効果（＝「利回り」という考え方）の認識がない管理会社による不必要なリフォーム工事の提案を受け入れてしまうことは、オーナーさんの利益を損ないますので注意が必要です。

当社でリフォームを行う場合、次の三つを注意しています。

①オーナーの運用方針に沿ったリフォーム内容にする

先述の通り、ＰＭ会社の立ち位置はあくまでオーナーさんの代理という立場になります。そのため、リフォームに関しても、オーナーさんの運用方針、現在の入居率、毎月の返済額、確定申告の内容などを理解した上で、リフォーム内容を提案、実施します。

例えば、短期保有なのか長期保有なのかで、リフォーム内容は違ってきます。

短期保有で近いうちに売却を予定している物件であれば、賃料の最大化を目的とするリフォーム内容になります。なぜなら、賃料総額に応じて売却価格が決まるからです。ただし、売却想定利回りを下回るリフォームは控える必要があります。

長期保有の場合は、コストを最小限に抑えて、入居希望者の申し込みが入るラインを判断し、リフォームを行います。

キッチンを例にお話ししましょう。

短期保有では、賃料アップが目的となるため、売却想定利回りを「リフォーム利回り」が上回るのであれば、多少費用がかかってもシステムキッチンを導入します。長期保有では、著しく賃料が下がらない限り既存のキッチンを生かし、クリーニング、またはカッティングシートなどで済ませます。

このように、オーナーさんの運用方針を明確に理解してリフォームを行うのと、理解せずに行うのとでは大きな違いが出てしまいます。

当社では、物件の購入から管理、さらには売却（出口戦略）までをサポートさせていただいているため、オーナーさんのポートフォリオ（資産一覧）を把握しており、帳簿上の黒字が多くなる年には大規模修繕を提案するなど、経費計上のタイミングもコンサルティングしております。

つい先日も複数棟の物件をご所有のオーナーさんに外壁・屋上防水塗装の工事をご提案し、300万円程の節税のお手伝いをさせていただきました。

②賃貸仲介の営業マンからの意見を取り入れる

的確なリーシングを行うためには、仲介の営業マンからの情報の吸い上げが重要になるのは先述した通りです。

リーシングにおいて重要な位置を占める部屋のリフォームについても全く同様です。現場の仲介の営業マンの意見を取り入れることは必須になります。オーナーサイドの勝手な思い込みでリフォームしてしまえば、入居者が決まらないばかりか無駄な支出にもなってしまいます。

ではどのように営業マンの意見をリフォームに反映させればよいのかの詳細は次項で述べます。

③コスト意識を常に持つ

繰り返しになりますが、ＰＭ会社はあくまでもオーナーさんの代理人です。そのため、リフォーム会社の選定はもちろんですが、工事内容、部材単価などすべてに対してコスト意識を持つことが重要になります。

リフォーム会社の選定であれば、工事内容、工期の両面でコスト意識を持っている会社にお任せすることが前提条件になります。コスト意識がなければ、交換する必要のないものを交換したり、不必要な工事も追加されたりしてしまいます。また、工期が長くなってしまい機会損失が大きくなります。

このように業者選定においても、コスト意識がなければオーナーさんの望む成果を出すことはできません。管理会社として、工事内容、各部材単価等も工事業者に指示できる知識が求められます。工事業者は入居希望者の要望や、オーナーさんの意向をすべて理解しているわけではないので、それらを踏まえて指示を出すことが重要になります。

方程式⑥　「リフォーム利回り」の方程式

$$「リフォーム利回り」= \frac{賃料増加分^{※} \times 12カ月}{工事費} \times 100\%$$

※賃料の増加分、もしくは下落抑制分

方程式⑦　「リフォーム必要性判定」の方程式

「リフォーム利回り」≧ 取得時利回り
（売却時想定利回り）

➡ **有効**　○

「リフォーム利回り」＜ 取得時利回り
（売却時想定利回り）

➡ **不要**　×
（再検討する
必要あり）

6-04 賃貸仲介会社の営業マンに「答え」を聞きリフォームを行う

リフォームは、お客様（入居希望者）のニーズを聞いてから行うのが非常に重要です。その点で、**ニーズを把握しているのはやはり賃貸仲介会社の営業マン**であると言えるでしょう。

彼らは常に入居希望者に接しています。どんな賃料で、どんな間取りで、どんな設備にニーズがあるのかを瞬時に答えてくれます。ライバルになりそうな物件の情報や、直近で決まった物件の情報、対象物件の過去の認知度や評判までもがわかります。

賃貸仲介会社の営業マンは情報の塊です。特に成績を上げている営業マンは、そのエリアの全賃貸物件の情報が頭に入っていると言っても過言ではありません。

例えば、埼玉県の川越にある賃貸仲介会社の営業マンO氏は、駅周辺はもとより近隣駅の賃貸物件の情報も「一室違わず」現状を把握しています。なぜならO氏は、空き物件の状況、それらの室内の状態を、日々ネットや現地視察などで調査しているからです。ここまで詳しい内容を把握していれば当然、お客様の成約率も高く、入居希望者のニーズについての情報も豊富です。このような

リフォームは入居希望者のニーズに合わせる

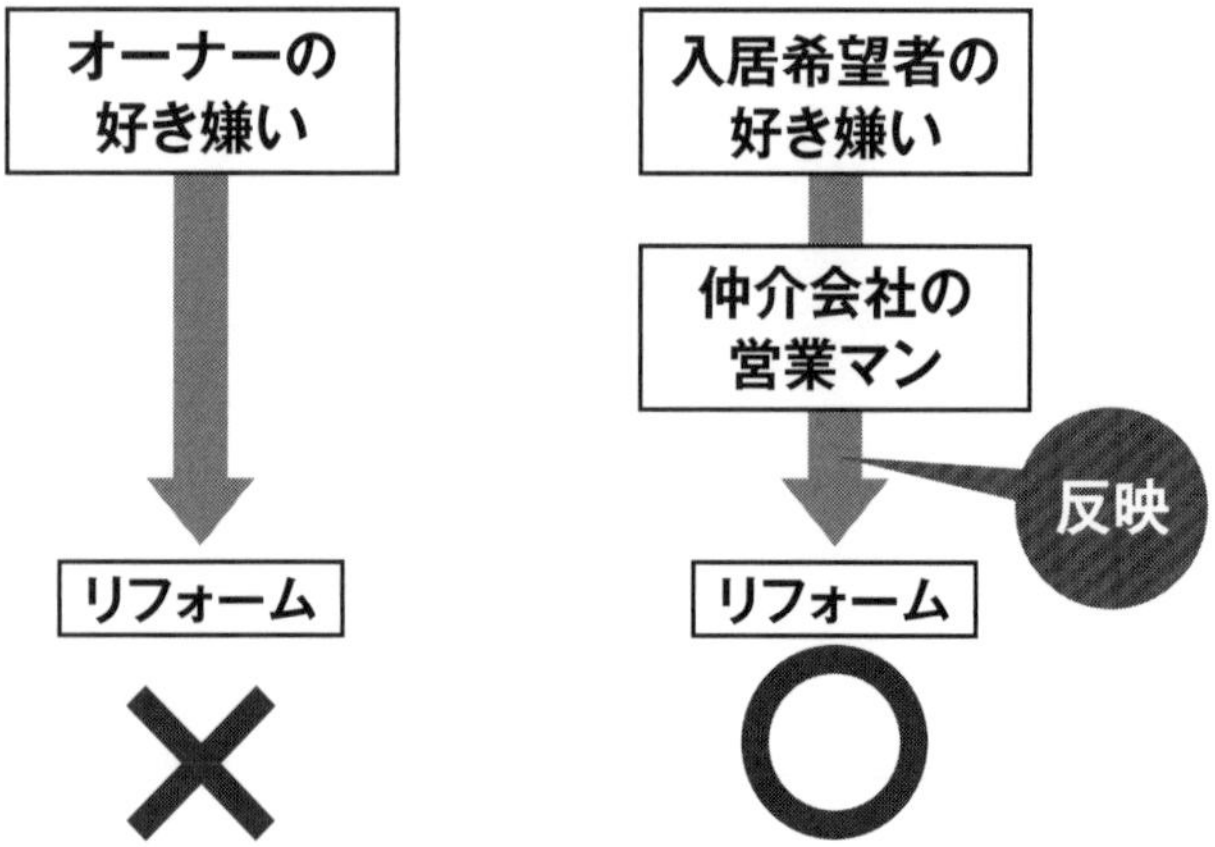

営業マンから得た入居希望者のニーズは、一般的な営業マンのそれと比較にならないぐらい的確です。

ですので、もし空室が多い物件を管理受託した場合には、まず、敏腕営業マンにヒアリングし、入居希望者のニーズを把握した上で賃料設定・リフォームなどを行いましょう。そうすることで、効率的な入居斡旋が可能となります。

ここでもう一つ、A氏の事例を挙げます。

A氏は、都内に築古の区分所有物件を買いました。しかし前オーナーが犬を6匹飼っていたため室内が大変傷んでいて、そのままでは貸すことができませんでした。

何を思ったか、A氏は自らの手でリフォームをする道を選びました。なぜかと言えば、自分の考える理想の賃貸物件に仕上げたかったからです。すべての部屋の壁紙をはがし、漆喰を塗り、床もすべて張り替え、水回り、建具もことごとく交換しました。

休みもすべて返上し、朝早くから夜遅くまで作業に費やしました。すべてが完成したときには4カ月の月日が流れていました。

当初の募集賃料は相場賃料より5000円増し。A氏は理想の賃貸物件を作ったと自信を持っていましたので、すぐに入居者が決まると自信満々でした。

周辺の賃貸仲介会社はすべて回り、広告料を家賃の2カ月分支払うことを伝えました。相場以上の広告料を支払う条件なので案内は数多くありましたが、1カ月経っても決まらない。そこで案内をしてくれた賃貸仲介会社に断られた理由を問い合わせしたところ、残酷な一言が……。

「住みづらい」

A氏は思ってもみなかったことに、大変ショックを受けました。結局1カ月後に、相場賃料で何とか入居者が見つかりました。

何を隠そう、このA氏とは私（太田）のことです。

なぜこんな結果になったのか？　それは、入居希望者のニーズを無視した、ひとりよがりのリフォームをしてしまったからです。私は契約後、入居希望者を最も多く案内してくれた営業マンにマイナスポイントを挙げてもらいました。

・漆喰→汚れやすい（原状回復工事で多額の請求をされる恐れがあるため敬遠された）
・スポットライトのみの照明→暗い
・おしゃれな建具→デザイン優先で使いづらい
・おしゃれな和室→和室の需要がない

そのエリアでは、普及品のクロスを張り、全室洋室にすれば相場賃料で簡単に入居者が決まるというのが結論でした。

そんなの当たり前じゃないかという声が聞こえてきそうですが、意外と思い当たる節のある方も多いのではないでしょうか。

現在空室があるということは、何らかの問題を抱えているはずです。その問題がどこなのかは物件によって一つひとつ異なります。その核となるような有益な情報を誰が持っているのかと言えば、間違いなく賃貸営業マンです。

長期の空室が続いている方の中には、問題点を直視せず、先延ばしにしている方もいらっしゃるでしょう。判断が遅れれば機会損失が生まれます。賃貸営業マンに問題点を聞き、素早く改善することが、空室期間を短くする最も有効な手段と言えます。

6-05 広告料とリフォーム費の効果を比べる

広告料と言えば、ファンドなどが介入してきたエリアの札幌市、福岡市などが有名です。先述のようにこのエリアでは家賃3、4カ月分の広告料は当たり前です。そのため、今では広告料に対してすっかり悪い印象を持つ方が増えています。

しかし、これもすでにご説明した通り、広告料の効果的な使い方を理解すれば、入居率を高められることは間違いありません。

現在は、どちらかというと「広告料を出すくらいなら、しっかりとしたリフォームで入居率を高めたい。できれば賃料も上げたい」と考えているオーナーさんが多くなっているように思います。実際に、しっかりとしたリフォームで賃料を上げることに成功している事例も、当社にはあります。

ただし、当社はしっかりとしたリフォームだけでなく、広告料との比較も非常に重要視しています。これは、**リフォームも広告料も入居者を獲得するためのコスト（変動費）という認識**だからです。

入居希望者を紹介してくれる賃貸仲介の営業マンは、常に報酬額を気にしています。これは毎月厳しい営業成績を求められているためです。極端なことを言えば、どんなにきれいな部屋だとしても報酬が少なければ案内しません。少々汚い部屋でも報酬の高い方に入居希望者を案内します。

例えば賃料5万円の部屋があったとして、5万円のリフォームをかけるのと、広告料を5万円増やすのではどちらが高い効果を得られるのか、という考えです。

実際に当社の管理物件でも、リフォームをかける選択肢と、リフォームをかけずにリフォーム費用相当額を広告料に充てる選択肢の中で、リフォーム費用の部分を広告料に充てて入居率を高めた事例が数多くあります。

賃料5万円、ワンルーム16㎡の物件で、当初広告料は1カ月分に設定し、クロスや軽微な設備追加の簡単なリフォームをする予定でした。しかしリフォーム費用が意外にかさみ、1部屋当たり10万円以上かかることがわかりました。そこで試験的に、リフォームをせず広告料を2カ月分に設定し募集したところ、案内数が増えたおかげで、わずか数日で空室が埋まってしまったのです。オーナーさんにとってみれば、コストが半分（リフォーム費用10万円→広告料の増加分5万円）に抑えられたということです。

このように、**ただ単にリフォームすればよいということではなく、リフォームした場合と広告料を上げた場合の比較をした上で判断することが重要**です。

リフォームに効果があると判断すればリフォームにお金をかけ、広告料アップに効果が高いと判

広告料とリフォーム費用の効果を比較する

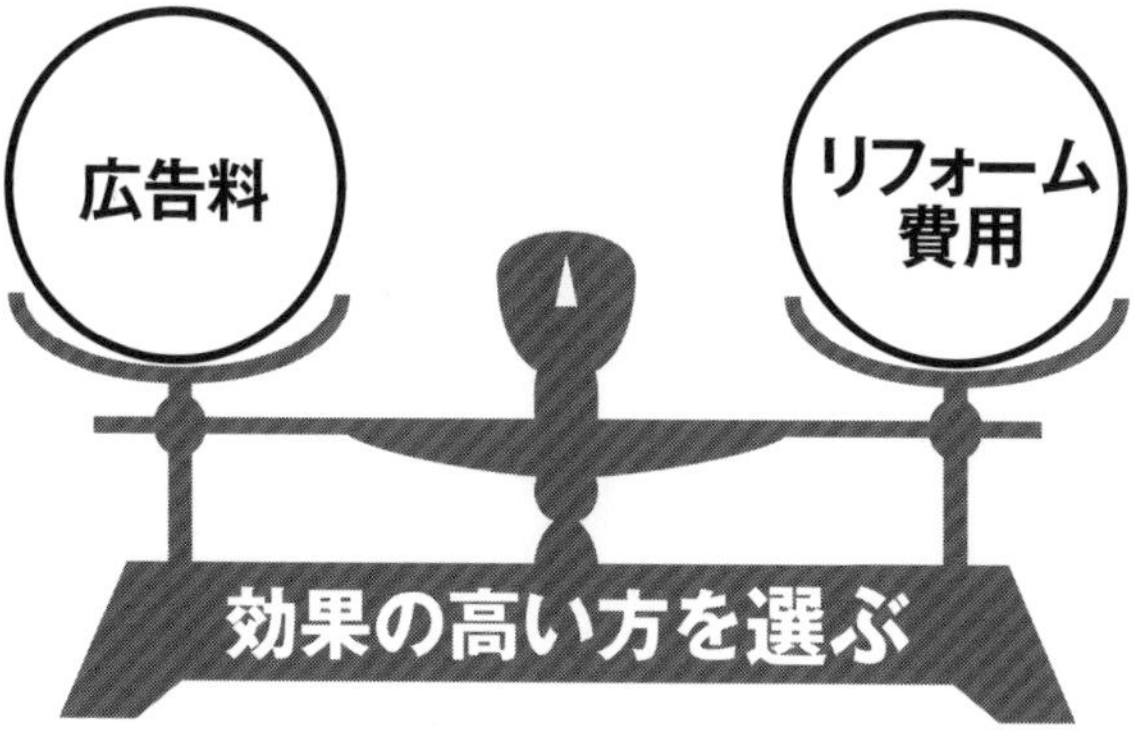

断すれば広告料を上げればよいのです（両方が必要な場合もあります）。

つまり、**広告料とリフォーム費用の比較が重要**なのです。あくまでも利益を最大化する視点で支出をコントロールするということです。入居希望者がどの程度の部屋を、どの程度の金額で探していて、賃貸営業マンはどの程度の広告料で入居斡旋をしてくれるかを把握するということです。

直近の事例で面白いものがありました。その物件は12室中12室空きという、いわゆる全空き物件でした。場所は板橋区。駅徒歩17分の築古の木造・3点ユニット、広さ12㎡と、入居付けの条件としては厳しい物件でした。

早期満室を目指していたため、広告料を3カ月分に設定して募集を開始。初期設定として相場賃料の10％値上げした募集条件としたところ、予想に反して次々と申し込みが入り、1カ月程度で満室となりました。

これにはリーシング担当者も驚きを隠せない様子でしたが、後日、入居斡旋をしてくれた営業マンにヒアリングした結果、理由が明らかになりました。営業マン曰く「広告料が3カ月分だからですよ」。広告料以外の要因としてリフォームの状況もあったとは思いますが、わずか1カ月で12室が満室になるのなら、広告料の費用対効果としては十分な結果だったと思います。

なお、早期退室の対策として半年以内に入居者が退去となった場合のペナルティーとして、仲介会社・入居者への違約金を契約書に付記しておくべきであると、ここに付け加えておきます。

6-06 家賃を下げるのも費用対効果の一つ

家賃を下げると聞いて「えっ」と思った方も多いのではないでしょうか。しかし、これも費用対効果の重要な考え方の一つです。

特にリフォームをしてもその効果が出づらい物件では、家賃を下げることで効果が大きく出ます。常に利回り（費用対効果）を考えましょう。

例えば、リフォームをして募集をかけた場合の賃料が10万円で、工事費用は50万円だったとします。リフォームをかけずに募集をした場合は、賃料が9万5000円でリフォームをした場合との差額は5000円です。

この場合、年間賃料が5000円×12カ月＝6万円のアップとなりますので、「リフォーム利回り」は6万円（賃料アップ分）÷50万円（リフォーム費用）で、12％となります。

しかし、この工事費用が100万円かかる場合はどうでしょう。このリフォーム工事の「利回り」は半分の6％となってしまいます。この際の判断基準として、物件購入時の利回りと同じか、または上回っているかという点に注目してください。仮に物件を12％の利回りで購入したのであれば、このリフォーム工事によって収益性が低下してしまうという判断になります。この場合には、工事を行わず賃料を5000円下げたほうが収益性の点からはメリットがあることになります。50万円以下の工事費用であれば、「利回り」は12％以上となりますので、物件購入時の利回りと同水準以上となりますから、工事を実行することで収益性が維持・向上できると言えます。

このように、**「利回り」という基準で考えれば、賃料を下げるのかリフォーム工事を行うのかという基準が明確になり、素早く的確な判断を下せる**ようになるのです。

また、近頃当社の管理で、契約年数の長い入居者から現在の募集賃料との差額を理由に、賃料減額交渉が入るというケースが出てきています。

これはインターネットの普及により、賃貸情報の検索が容易になったことが原因と予想されます。以前であれば「嫌だったら出ていってください」で済んでいましたが、一入居者当たりの募集コストやリフォーム、原状回復工事の費用を考えると、そうも言っていられない事情があります。

そのような交渉が入った場合にも、入居者からの希望賃料値下げ幅と、退去後のリフォーム費用、募集コストを比較することで、適切な対応を取ることができます。ただし、売却を想定している場合、賃料総額が低下してしまえば売却価格の下落につながりますので注意が必要です。売却も含めた利益の最大化という視点から判断することが重要です。

また先述の通り、賃料交渉や退去などはないことが一番です。日頃から入居者の満足度を高める努力（入居者への各種提案、物件の清掃の徹底、素早いクレーム対応）など、「攻めの経営」を行うことで、賃料値下げ交渉や、退去の確率を低下させることができます。

7章

リフォーム実践編

本章では、前章でご説明したリフォームにおける理論を具体的に実践する方法について述べます。費用対効果をしっかり考え、効率のよいリフォームを行いましょう。

7-01 内装工事はパッケージ化する

繰り返しになりますが、賃貸物件のリフォーム（改修工事）はコストとの戦いです。費用対効果を考えずにリフォームをすると無駄な支出になってしまいます。

当社で物件のリフォームをする場合には、大規模、小規模を問わず、費用対効果を最重要視しています。賃貸仲介の営業マンからのヒアリングを基に、どの材料で、どのような色を使えば入居に近づけるかを常に考えています。そのため、リフォーム内容をあらかじめ「武蔵仕様」と称してパッケージングすることで、コストコントロールと入居者ニーズのマッチングを可能にしています。では、リフォーム内容をパッケージングするメリットを2点お伝えしましょう。

①コストカット・工期短縮が可能

毎回同じ部材・設備を使用することで、リフォーム会社へのオペレーションが楽になります。各部材の型式が決まっていれば、初回施工時の施工部材確定も簡単ですし、次回以降の発注もスピーディー。もちろん見積もりの出てくるスピードも速くなります。リフォーム会社からしても、同じ部材を大量に発注することで部材単価を下げることができるのです。

例えばあるリフォーム会社の場合、ＴＶモニターホンや温水洗浄便座を、価格が安くなったタイミングで大量購入することで単価を下げる企業努力をしていただいています。また、クロスの施工を例にすると、同じクロスを頻繁に張り替えることで施工に慣れ、完工までの期間短縮にもつながります。

②営業マンへの訴求力が高い

入居希望者１人に対し営業マンが紹介する物件は、平均して３～４物件です。その３～４物件に入るためには、営業マンが安心して紹介できる物件にしなければなりません。写真がきれいでも実際に見るとイメージと異なるということはよくあります。

武蔵仕様（パッケージングリフォーム）の部材選定は、各エリアの仲介営業マンからのヒアリングを基に行っています。そのため、他物件のリフォーム済みの部屋に比べ格段に成約率が高くなります。加えて、先述した通り入居後のクレームにも当社で対応するため、入居者からのクレーム対応に時間を費やさねばならないという煩わしさは圧倒的に軽減します。営業マンは１カ月に何件の成約ができるかで営業成績が決まります。どんなに広告料が高くても決まりづらく、クレームの出やすい部屋を成約するぐらいなら、広告料は少なくても、きれいでクレームの出ない物件を数多く成約する道を選ぶのは言うまでもありません。

その他にも、武蔵仕様（パッケージングリフォーム）の成約単価は他の間取りに比べ賃料も高めになるため、広告料収入の面でも営業マンからの紹介優先順位は上がります。

7-02
武蔵仕様（パッケージングリフォーム）

さて、ここからは、武蔵仕様の内容を詳しくお伝えいたします。

【武蔵仕様のポイント①】
クロスは「普及品＋アクセントクロス」で差をつける

賃貸物件のリフォームの基本は「普及品を使う」のがポイントです。ただし、すべての部材に普及品を使うと代わり映えのしない部屋になってしまいます。

一部のオーナーさんから「輸入品の高級クロスを使った方が入居付けしやすいのでは？」とご質問を受けますが、結論から言えば入居への影響はほとんどありません。そのため当社では国産品のクロスを使います。理由は、国内産は海外製品に比べ安定供給が可能で、入退去時の張り替えにも迅速に対応できるため。前項でもご説明した通り、当社のリフォームは毎回同じ仕様ですから安定供給という条件は外せません。

それでも、クロスが廃番になることもあります。その場合は新作クロスを新規指定クロスに変更しますが、選定には手間をかけます。まず、再生するために買い受けた空室が多い自社物件でピックアップしたクロスを試し張りします。直近でも10室の空室を再生する機会に10種類のクロスを試し張りしました。これを仲介営業マンに内覧してもらって結果をヒアリングします。質感、施工のしやすさなどを考慮して最終的に1種類の壁紙を選定します。これを武蔵仕様（パッケージングリフォーム）の指定クロスとして使います。

さて、武蔵仕様ではプラスαの施工として「アクセントクロス」をお薦めしています。室内クロスの一部に高級品を使うことで、室内のグレードをアップさせることができるものです。普及品にない色や、質感のあるもの（凹凸のあるものなど）を選ぶのがポイントとなります。賃貸営業マンも入居希望者へのアピールポイントが増え、申し込みをもらいやすくなります。㎡単価は普及品＋300円程度です。1K25㎡程度のお部屋で4000円程度のコストアップにすぎませんので、費用対効果は高いと言えるでしょう。

【武蔵仕様のポイント②】

床には白い塩ビタイル（フロアタイル）を使う

当社では費用対効果を考えて床の張り替えには塩ビタイルを積極的に採用しています。理由は以下の4点です。

1．フローリングと比べコストが低い
2．バリエーションが豊富
3．部分的な補修が容易
4．フローリングと比べて歩留率への影響が少ない

いずれも利益の最大化に直結します。特に4は注目する点です。ある敏腕営業マンに聞いたところ**入居希望者で塩ビタイルを気にする方は10人に1人程度**とのことでした。過去に「塩ビタイルだったから」ということを理由に申し込みに至らなかったケースも、私の記憶では1～2回程度。もちろん、新築や家賃の高い物件で使用した場合は、歩留率低下の原因となりますので注意が必要であることは留意してください。使用する色は幅広の白色にしています。これも色々試した結果、賃貸営業マン・入居希望者からの支持が多かったからです。繰り返しになりますが、アパート事業は趣味ではありません。オーナーさんの好みではなく、入居希望者のニーズに合わせることが重要です。

【武蔵仕様のポイント③】

既存の建具（ドア・扉）を生かす

内装のリフォームで意外とコストがかかるのが建具の交換です。傷んでいるからといってすぐに交換をしてはいけません。交換すると全体のリフォーム費用が20％程度アップしてしまいます。

当社では部分的に傷んでいる場合には建具の表面にクロスを貼ったり塗装を施したりすることで清潔感を出すようにしています。傷みがひどく建具を生かせない場合でも、単に既製品を使うのではなく、コストダウンのできる部材で交換する方法はないかを内装工事業者に確認し、部材選定することで費用を抑えています。

【武蔵仕様のポイント④】

費用対効果の高い設備を付ける

こだわると費用がかかりすぎてしまうのが設備の追加工事です。必要以上に設備を追加する必要はありませんが、数点追加するだけでも、マイソク（募集チラシ）で設備面の充実度をアピールすることができます。また内見時に新品の設備が付いていると中古物件なのに設備が新品ということで入居希望者にお得感をアピールすることができます。設備追加は先述した「リフォーム利回り」を指標にして検討する必要があります。

特に費用対効果の高い設備はエアコン、シャンプードレッサー・温水洗浄便座・TVモニターホンです。どれも3万〜8万円で導入が可能です。その他には浴室乾燥機も人気があります。理由としては単身用に多いベランダのない物件や、1階住居で洗濯物を干せない、干しにくい物件で重宝されるからです。

絶対お薦め3点セット

①シャンプードレッサー

費用4万～6万円程度。見た目の割にコストが低い。

②TVモニターホン

費用2万～3万円程度。防犯意識の高まる中、入居希望者のニーズは高い。

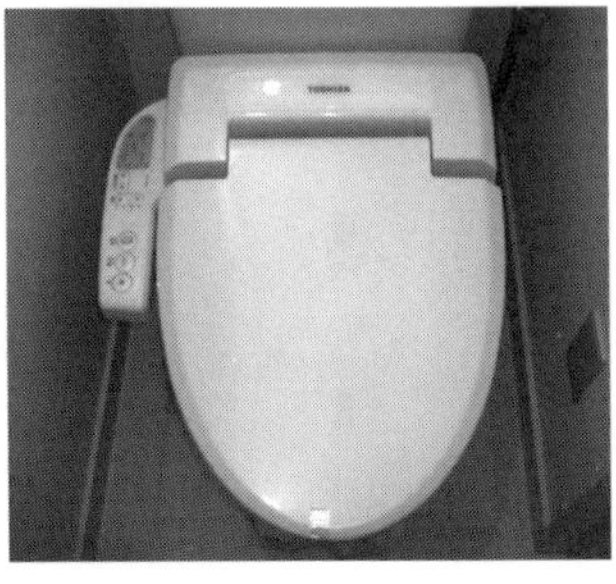

③温水洗浄便座

費用3万～4万円程度。築後20年程度の物件では設置率が意外に低いアイテム。

浴室リフォーム3つの方法

①交換

費用……50万～100万円程度

②浴室再生用シート仕上げ

費用……15万～20万円程度

③塗装仕上げ

費用……10万～15万円程度

【武蔵仕様のポイント⑤】

水回りはできる限り既存の設備を利用する

内装のリフォーム工事で最も費用がかかるのが水回りです。そのため「使えるものは使う」ことが大切です。ただし汚くて入居しないのでは意味がありません。なるべく費用をかけず最大限の効果を発揮できるように工夫することが重要です。武蔵仕様では、浴室とキッチンに少し手を加えるようにしています。

●浴室

相当な傷みがない限り交換はせず、塗装か再生用シートを利用します。

また3点ユニット（洗面台・風呂・トイレが一緒）の場合は、カッティングシートを利用し、費用をかけずにデザインに力を入れます

キッチン再生方法

①交換

費用……15万～20万円程度。既存のキッチンの劣化が激しい場合、システムキッチンなどを導入し費用対効果の合う賃料アップが見込める場合に交換します。

②表面扉交換

費用……7万～12万円程度。本体は換えず表面扉のみを交換。物によっては交換と費用がさほど変わらない場合もあります。

③表面扉シート張り＋取手交換

費用……3万～10万円程度。キッチン扉の表面にカッティングシートを張り、取手を交換します。
※1800mm程度のサイズの場合

見た目を良くすることで、3点ユニットの不利をカバーするようにしています。また費用対効果を考えながら風呂・トイレを分離したり、バスタブをなくしてトイレとシャワー室で分離することもあります。

●キッチン

キッチン回りは浴室に比べて交換コストが低いため、臨機応変に交換も視野に入れたリフォームを行います。リフォーム方法は「交換」「表面扉交換」「表面扉シート張り＋取手交換」の三つですが、最も多い事例は「表面扉シート張り＋取手交換」です。

水回りで重要なのは「きれいかどうか」です。交換に近い仕上がりで費用を抑えられることが採用している理由です。

7-03 外装工事のポイント

アパートを長期で保有する場合、保有期間中に一度は経験するのが、外壁塗装や屋上防水などの大規模修繕です。

中古で物件を取得した方はもちろん、新築（建築）当時から物件を所有されている場合も、築後15年ほど経てば相応の劣化がありますので「そろそろかな」と考えている方も多いのではないでしょうか。外装工事は多額の費用がかかるため失敗が許されない工事となります。当社では、オーナーさんの運用方針により「復旧工事」「アップグレード工事」を区別してご提案しています。ここでも費用対効果を意識することが大切です。

塗装工事での「復旧工事」の例としては、さびの進行を止めるための塗装や、屋上のシート防水の破れなどを補修する工事があります。6章でお伝えした、マイナスをゼロに戻す工事です。「アップグレード工事」とは、プラスαを求め、収益性や資産価値のアップを狙うものです。外壁全体の塗装（「復旧」の意味合いが大きい一度塗りは除く）や、屋上防水の方法を塗装方式から、シート防水方式に変更するといった工事です。

優良業者を見つけるのはもちろんですが、実際に工事に取り掛かる場合にポイントがいくつかありますので、塗装工事と防水工事の二つに分けて説明いたします。

●塗装工事

塗装工事で重要なのはカラーシミュレーションです。**カラーシミュレーションとは、コンピューターで色を指定し、施工前の段階で完成に近い形で色合いを確認できるもの**です。色彩感覚は人によって大きく違いが出るものです。また、物件個別で合う色、合わない色があります。営業マンへヒアリングするため、少なくとも5パターン程度のサンプルを作成してもらいましょう。

作成方法は、224ページのように四つあります。

特にお薦めしたいのが、②の塗料メーカーが無料でシミュレーションを作成してくれるカラーシミュレーションサービスです。塗料メーカーが作成するため塗料の品番指定ができ、失敗が少なくなります。また、①~④に加え専業のカラーコーディネーターや建築士の方にシミュレーションをお願いする方法もあります。当社では顧問建築士の先生に、物件ごとにシミュレーションを依頼しております。先日も昭和47年築の物件を塗装するため、20パターンのシミュレーションを作成してもらい実施工したところ、シミュレーション通りに仕上がりバリューアップに成功しました。

塗装工事の順番としては、カラーシミュレーション作成→仲介会社へのヒアリング（10社程度）

カラーシミュレーションのメリットとデメリット

①塗装会社に頼む

メリット……費用がかからない

デメリット……シミュレーションのクオリティーが低い場合がある

②塗料メーカーに頼む

メリット……費用がかからない。塗料の品番が指定できるので、失敗が少ない

デメリット……小規模だと受け付けてくれない

③カラーコーディネーターに頼む

メリット……色に対するセンスがなくてもよい

デメリット……費用がかかる。物件固有の賃貸需要を無視すると、入居希望者ニーズと一致せず、無駄になる

④自分でコーディネートする

メリット……費用がかからない

デメリット……入居希望者のニーズと一致せず、失敗する可能性が高い

↓色の決定↓施工、です。

また塗装工事と一口に言っても、吹き付け塗装かローラー塗装か、一度塗りか三度塗りか、塗料はどんなものを使うのかによって金額が大きく変わります。その選択は物件の運用方針によって判断します。ＰＭ会社は、あくまでオーナーさんの代理という立場ですので、運用方針に沿った施工レベルでのご提案は非常に重要なポイントとなります。

では、ここから運用方針による施工方法の違いについてお伝えいたします。大きく分けると**短期保有なのか、長期保有なのか**という違いです。

５～10年程度の短期保有後の取り壊しが前提の塗装工事の場合は、過剰な工事は必要ありません。保有期間中の入居率の低下・雨漏りなどがないレベル（復旧）程度の工事で十分です。

当社では塗装コストを抑えるために、５年以内の売却を前提とした場合は一度塗りで対応しています。注意点としては、塗装回数が一度なので元の色に近い色調で施工するということです。なぜなら被膜が薄くなり、下地が見えて汚らしくなってしまうからです。そのため、使える色は限られます。

20年程度の長期保有の場合においては、「アップグレード」も視野に入れ工事をします。「アップグレード工事」では色調に幅があり自由に色を選べます。ただし、トレンドに左右されるような色

運用方針で変わる塗装工事事例

短期保有（取り壊し前提）	長期保有
保有期間………5～10年以内	保有期間………20年超
塗装回数………一度塗り	塗装回数………三度塗り
費　　用………200万円前後	費　　用………500万円前後

※費用は物件の規模等によって変わります。

を使用してしまうと年数が経過していく中で古臭いイメージになってしまいます。入居率低下の原因にもなってしまいますので注意が必要です。長期保有の塗装工事は短期保有に比べ長期的な機能維持が求められますので、塗装回数は三度塗りが望ましいでしょう。

「古臭くなったから（薦められたから）塗装しよう」と目先の判断で施工すると「費用対効果」の低い投資になってしまいます。**必ずどんな目的で施工するのかを考え、その運用方針に則った施工方法で工事を行うことが重要**です。また、塗装の施工提案を行っている管理会社であれば実際の物件の仕上がりを見ることができるため、事前に打診するのも良い方法でしょう。

●防水工事

大規模修繕において重要となるのが防水工事です。なぜかと言えば、**防水の劣化が即雨漏りに直結する**部分だからです。アパート経営では入居者が退去するのが一番のリスクです。万が一雨漏りがしてしまえば大きなクレームになってしまうのはもちろんですが、最悪の場合入居者が退去してしまいます。物件を売却する場合にも、過去に雨漏りがあったということは買い主の方への告知事項となり、物件の価値は下がってしまいます。そのようなことにならないために、建物の防水性の維持は特に意識したいところです。当社では定期的に管理物件の建物状況を視察し、必要があれば修繕の提案をオーナーさんにしています。

ここで、防水工事のポイントを4点お伝えします。

①予防という視点を持つ

先述した通り防水性能を欠くと即雨漏りに直結します。実際に雨漏りしてしまってからでは多額のコストがかかってしまうので、コストを抑えるためにも予防という視点に立ち施工することが重要です。

②保有期間に応じて施工レベルを変える

塗装同様取り壊し・売却・長期保有等、どのような運用方針なのかによって施工レベルは変わります。シート防水を例に挙げると、全面張り替えまたは一部張り替えのどちらを採用するかという視点です。

③防水塗料をうまく使う

平成以降に建築された賃貸物件に多いのがシート防水という工法です。塗装業者さんの提案でよくあるのがこのシートを使った全面張り替えです。このままで工事をお願いしてしまうと非常に費用がかさみます。**劣化が激しくなければシート防水用の塗料を上塗りし、安価に施工する**ことができます。また廊下など共用部においても塗装からシート防水への「アップグレード」を薦められる場合があります。物件のグレードによりますが、塗装で施工しても入居率にはあまり影響しません。

④色も工夫する

防水材（ウレタン塗装・シート防水・アスファルト防水などで使用される材料）は色の種類が少なく、特に注文をしないと緑色などの防水塗料（シート防水）を使われてしまう場合があります。当社では防水塗料を施工する場合にはひと手間かけ、物件の色合いに合わせて施工してもらいます。シート防水を張り替える場合でも色を指定するようにしています。

7-04 エントランス・エクステリア工事のポイント

エントランス・エクステリア工事のポイントを230ページに示しました。ご覧ください。

ポイントは、すべて入居案内のときに、入居希望者が特に目にする部分であるということ。ただ、こだわれば室内以上に費用がかかってしまうのが、エントランス・エクステリアの改修工事です。

「入り口には石を敷き詰めよう」
「オブジェを作ろう」
「ゲートを作ろう」
「ライトアップをしよう」

考え出したらきりがありません。

物件購入直後で気持ちが高まっているときや、大規模修繕工事を実施し金銭の感覚がマヒしてい

エントランス・エクステリア工事のポイント

①塗料の色を変え、ポイントを作る

②看板を新調する

③郵便受けを新調する

④照明を新調する

⑤エレベーター内のリニューアルを行う

⑥植栽にこだわる

るときは要注意です。余計な工事をしないよう自戒してください。

ですので、ここでも「どんな目的で改修工事をするのか」を明確にしておくことをお薦めします。ご自分の物件を自慢するために改修工事を行うのであれば、いろいろとこだわり「趣味」を入れてもよいのですが、あなたはアパート事業で利益を最大化することが目的のはずです。

常に最大の効果を考えなければなりません。ここで紹介したポイントは、最小限のコストで最大限の効果を生むことを目的にしたものです。すべて行っても費用は30万円程度に抑えられます。

この項では業者選定のポイントには触れていませんが、あえてポイントをお伝えすると、**エントランス・エクステリア工事の専門業者には頼まないほうがよい**ということです。

看板

高価な材料は使用せず、アルミ板などを使う。
費用……2万～5万円程度。

エントランス照明

普及品を使うのがポイント。
費用……2万～5万円程度。

経験上、こういった専門業者は新築物件を手掛けたり、実需（自家用）の物件の工事を行ったりすることが多く、コスト意識に欠けている場合が多いためです。

そのため、当社でオーナーさんへご提案する場合には、あえて**内装工事を手掛けるリフォーム業者に工事を頼みます。**冒頭にてお伝えしたポイントの塗装以外の部分はすべて内装リフォーム業者で対応できるものです。

どの業種の工事業者に頼むかでも、コストが変わることが頻繁にあり、注意が必要です。直近の事例では、敷地内の共用部で雑草が生い茂る部分に除草シートを張り、その上に白砂利を敷き詰めました。その他にも、エントランスのモニュメントの再塗装なども安価で施工可能な割に入居希望者への訴求力は高くなります。

7-05 工事の管理体制をしっかり構築する

入居者の満足度アップのためにリフォーム工事や塗装工事をしたのに、逆にクレームが多発してしまった――こんなことにならないためにも、施工（工事）管理という面も忘れてはいけません。「管理なんて工事業者に任せておけばいい」などと思っていると大変なことになります。各リフォーム工事には、多くのクレームの火種が眠っています。例えばこのようなものです。

・騒音によるクレーム
・工事告知の遅れによるクレーム
・塗料の臭いによるクレーム
・工事車両の違法駐車による近隣住民からのクレーム
・私物への塗料付着によるクレーム

工事の管理がしっかりしていれば問題はないのですが、実際の工事にはどうしてもクレームがつきものです。このクレームを、いかに小さく抑えるか（ゼロに近づけるか）が肝要です。

そのため、工事業者の現場監督の存在は重視すべきですし、さらには、その現場監督を管理する管理会社の役割も重要です。

現場を取り仕切る監督がラフな方ですと、現場はたるんだ雰囲気になります。現場がたるんでいれば、落下物などで入居者に怪我をさせてしまうかもしれません。オーナーさんに使用者責任が問われる場合もあります。現場が荒れていると、何よりも入居者に迷惑がかかります。ひどい場合には退去にもつながりかねません。スケジュール管理、入居者への告知、挨拶やゴミの持ち帰りなど、工事業者が気をつけなければならない点は多々あります。

そのため、誰に現場を任せるかは大きなポイントです。現場監督の選定をミスするというのは、現場に爆弾を放り込むようなものです。十分注意が必要です。初めて仕事を依頼する業者の場合は、現場監督の方と事前に打ち合わせ（面談）をし、現場を任せてよい方か判断する必要があります。

もし、危ないと思ったら担当を変更してもらうか、業者自体を代えるのが得策でしょう。

管理会社経由で工事を依頼する場合には、クレームが出た場合の処理を管理会社が行うのですが、それに伴う退去が出てしまうと、結局はオーナーさんの利益を大きく損ないます。きちんと工事業者の管理を行うことも管理会社の重要な役割です。

その他にも、内装工事でチェックリストを使い、工事業者の管理を行うのも一つの方法です。ある程度の規模でリフォームする場合などは、内装業者とクリーニング業者を分け、ダブルチェック体制で管理していきます。

内装業者の指定するクリーニング業者に一括発注し、内装業者のみにチェックを依頼すると、細かい部分の抜け（網戸の破れや、ふすまの動きが鈍いなど）が出る場合もあります。すると入居者からのクレームが数多く寄せられ、クレーム処理に時間とコストがかかってしまう結果となるのです。そのため、内装業者とクリーニング業者を分け、両者からチェックリストを提出してもらいます。その結果、それぞれの施工精度が向上し、細かい不具合が減り、入居後のクレームは大きく減るという訳です。

もちろん、現場に工事の進捗を確認に行くことも重要です。コンストラクションマネジャー（CM）が現地を確認します。工事の初期段階・中間・最終確認と大きな工事では最低3回現地に向かいます。また、工事の進捗は工事業者からメールや電話で報告を受けます。

このように、問題が発生したらそのつど検証し、早急に改善することが何より大切です。

7-06 「修繕費」と「資本的支出」の違いは？

当社の管理する物件は一部を除き、築20年以上のアパートが中心です。そして物件が古くなるということは、当然ですが修繕や改修工事が必要になってくるということです。

そんな中、多くのオーナーさんから、「修繕費」か「資本的支出」かの判断に迷うというご相談を多く受けます。そのような場合、どのような判断で区別すればよいのでしょうか。

簡単に言えば、原状に復する修繕であれば「修繕費」となり、これは一括で費用計上ができます。資産価値が上昇する工事の場合は「資本的支出」となり、減価償却資産となります。

■修繕費（一括費用計上となる）具体例

・塗装グレードの変わらない定期的な外壁塗装
・退去時に以前と同グレードの壁紙へ張り替え
・キッチンを同程度のものに入れ替え
・ガス給湯器の入れ替え

■資本的支出（減価償却となる）具体例

・モルタル塗装をタイル張りへ変更

・グレードの高い壁紙へ張り替え

・ブロックキッチンをシステムキッチンに入れ替え

・給湯器を追い焚き付きオートバスに変更

わかりやすくするため、238ページに「修繕費」「資本的支出」のどちらに当たるかを判断していただくためのフローチャートを掲載します。

それ以外に大きい経費では塗装工事が思い浮かびますが、一括での経費計上は果たして可能でしょうか？

この質問も多くのオーナーさんから多く寄せられます。答えは、一括で経費計上が可能です。国税不服審判所裁決の「鉄筋コンクリート造り店舗共同住宅の外壁等の補修工事に要した金員は修繕費に当たるとした事例」（平成元年10月6日採決／裁決事例集 No.38-46頁）にもありますが、フッ素・光触媒など特別上質な材料を用いたものでなければ「修繕費」となり、一括で経費計上することが認められます。

その他にもコンクリートが爆裂した部分にシリコン等を注入する場合も建物すべてにわたらない

限り「修繕費」となります。

ただし、年収・不動産収入が高額になる方は、あえて一括で経費計上しない方が税制面で有利となる場合もあります。このあたりは税理士の先生にご相談してみてください。

この他に、「修繕費」か「資本的支出」かがわからない場合、「取得価額の概ね10％以内なら修繕費」という目安もありますので、こちらの基準をクリアしていればさらに確実性は増します。

修繕費と資本的支出のフローチャート

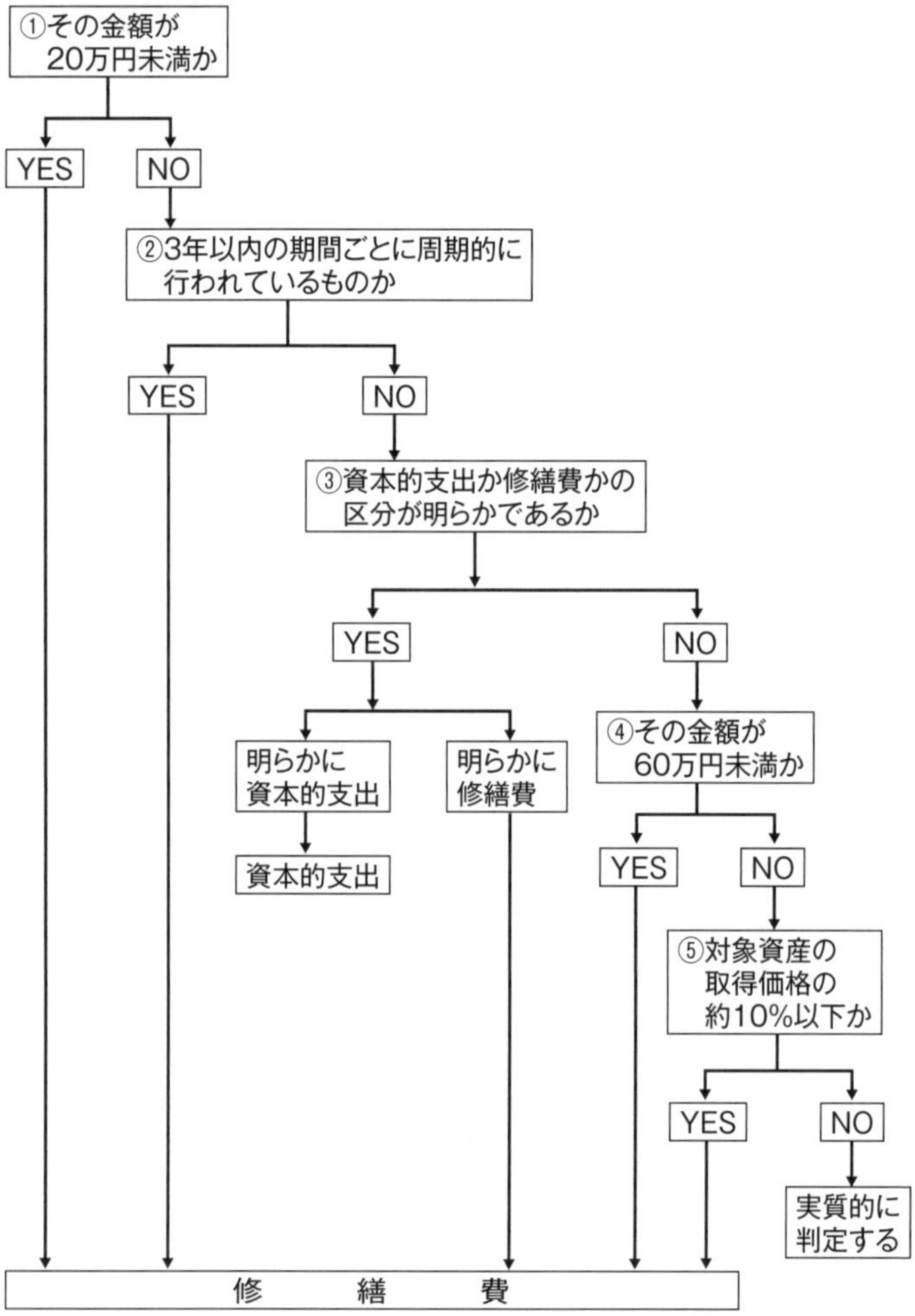

①その金額が20万円未満か
YES
NO
②3年以内の期間ごとに周期的に行われているものか
YES
NO
③資本的支出か修繕費かの区分が明らかであるか
YES
NO
明らかに資本的支出
明らかに修繕費
資本的支出
④その金額が60万円未満か
YES
NO
⑤対象資産の取得価格の約10%以下か
YES
NO
実質的に判定する
修　繕　費

【出典】鵜野和夫『【Q&A 大家さんの税金】 アパート・マンション経営の税金対策―不動産所得の税務計算から確定申告・相続・譲渡まで』(プログレス)

8章

オーナーが押さえておくべきリスク管理

空室もさることながら、今後のアパート経営は入居者からの家賃などの回収が大きな問題になってきます。オーナーさんにとっては収入を得られるかどうかの死活問題です。これらは天災・人災等も含めて「リスク管理」と言い換えることもできます。利益を最大化するためには欠かせないポイントです。

8-01 借地借家法・消費者契約法を理解する

1章でアパートオーナーさんにとって厳しい状況を生む「社会の流れ」について述べました。今後のアパート経営の肝は、その「流れ」の中でどのように家賃を回収していくかにあります。そのためには、まずその「流れ」を作っている原因を理解しなければなりません。

日本の賃貸借の取り決めは、民法と民法の特別法である借地借家法、さらには平成13年施行の消費者契約法という法律に則っています。そして、民法を除くこの二つの法律が、オーナーさんにとって非常に不利な法律であるということをきちんと理解し、対応することが、アパート経営におけるリスク管理につながるのです。

では、まず借地借家法から見ていきましょう。

これは一言で言えば、「借家権」という形で賃借人（入居者）に強い権利を認めている根拠となる法律と言えます。

空室で家賃を得られないのはある意味当たり前というか、仕方がないと割り切れますが、入居者がいるのに家賃を得られないというのは非常に困った問題です。

そして、そんな家賃不払いの入居者が、何カ月も家賃を支払わないまま住み続けることができてしまうところに問題があるのですが、その根本原因はこの借地借家法にあります。

法律の詳細は他書に譲りますが、借地借家法のルーツは戦時立法にあります。戦争中、夫が戦地に赴き、妻や子供だけになってしまった家庭が家主から追い出しを受けないようにと、入居者の権利を強く保護するために作った（厳密には、昭和16年の改正により「正当事由」が導入された）という背景があるのです。そのため、貸主と借主との関係が対等ではなく、明確に借主優位（借主保護）の内容となりました。

例えば、家賃1、2カ月分の滞納では退去させられないという判例があります。また、契約の終了に当たっては、借主側が住み続けることを選択すれば、貸主側からは自分がその物件に住まざるを得ないなどの「正当事由」がある場合を除き、契約を終了する（出ていってもらう）ことはできません。

つまり、オーナーさんは、「入居者に簡単に出ていってもらうことはできない」という認識を強く持ちながら、アパート経営に取り組む必要があるのです。

また、話題になった更新料訴訟の発端になったのが消費者契約法という法律です。特にこの法律の第10条が問題で、「消費者の利益を一方的に阻害する取り決めは無効」という内容になっています。この条文を根拠に、更新料は賃貸借契約書に明記してあっても「無効」とされる判決が相次ぎ

入居者の立場は強い

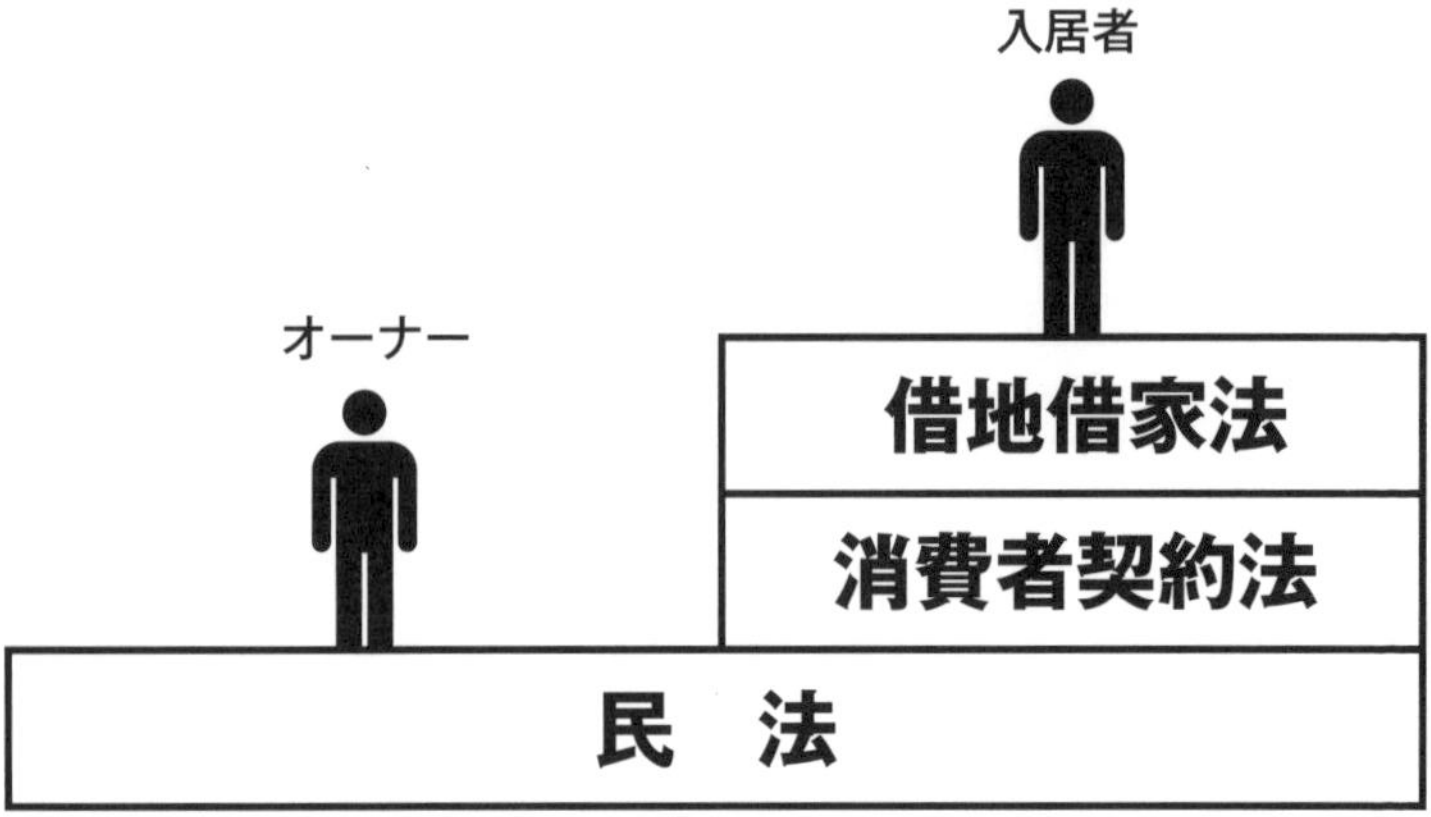

賃貸業界を震撼させました

これは3章のコラムでも書いたように、結果的には「更新料は有効」という判決に落ち着いたので、全国のオーナーさんは胸をなでおろしたに違いありません。

大切なことは、車と歩行者の関係で言えば、オーナーさんは車で入居者は歩行者であるという認識を持つことです。そもそも対等ではないという前提で契約関係を組み立てないと、突然大変なことに巻き込まれてしまう可能性が高くなります。この二つの法律の意味をよく理解することは、アパート経営を行う上で非常に重要です。

8-02 滞納は保証会社への加入で防止する

滞納は非常に深刻な問題であることを1章で述べました。

滞納は家賃だけではありません。更新料と、後ほど詳細は述べますが退去時の入居者負担金（退去負担金）などまで含まれます。

また、現在の法律によって簡単に出て行ってもらえないことも前項にてご説明いたしました。オーナーさんが実際に得られる収入は、先述の通り「契約賃料等×回収率」です。回収できなければいくら満室になっても収入が得られないということになります。

入居率と並んで、もしくはそれ以上に**回収率が重要になってきますし、今後はその重要度が上がっていく**ことは間違いありません。

滞納が一度起きてしまうと、回収するのは非常に困難です。**いかに滞納させない仕組みを作るかということがこれからのアパート経営においては重要**になります。

当社はそのために提携する保証会社への加入を絶対条件としています。保証会社への加入によって滞納のリスクはほぼ防げると言えますので、非常に重要な要素となります。

家賃保証の仕組み

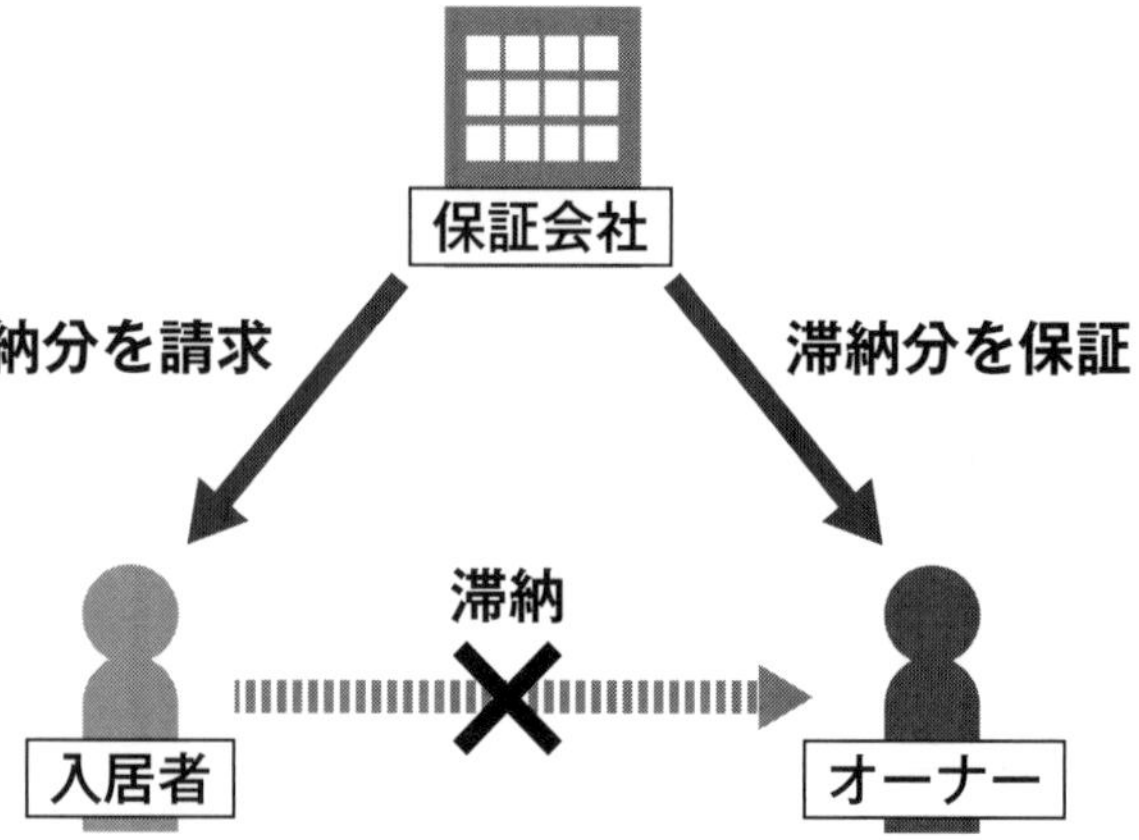

もちろん、以前存在したリプラスという会社のように、保証会社自体が倒産するというリスクもあります。しかし、倒産リスクよりも滞納が発生するリスクのほうが圧倒的に高いのが現状です。

要は、入居者が保証会社に保証料を支払うことによって、滞納のリスクを保証会社に負担してもらうということです。家賃を回収できなければオーナーさんは倒産してしまうわけですから、これはオーナーさん自身の自衛手段とも言えるでしょう。そこで当社の管理物件においては、基本的に新規の入居者はすべて保証会社に加入しています。

保証会社に加入するための保証料は、家賃の30〜50％程度です。これを入居者に支払ってもらいます。また、更新時に一定額を支払ってもらうことで、滞納が発生した場合の家賃等を保証会社が入居者に代わって負担するというのが主な仕組みです。

なお、中古物件をオーナーチェンジで購入すると、保証会社に加入していない状況がほとんどですが、このような場合でも既存の入居者に保証会社に加入させることは可能です。費用は入居者ではなくオーナーさんの負担となるケースが一般的ですが、費用負担をしてでも保証会社に加入するほうが望ましいでしょう（ただし、既存入居者を保証会社に加入させるのは、入居者の同意を得なければなりません。当社の事例では、50％程度の加入成功率となっています）。

また保証の範囲としては、家賃だけでなく、更新料・退去負担金、さらには電気・水道の料金までもカバーできるようになっています。

オーナーさんにとっての回収リスクを考えれば、保証会社に入るのは必須と言えます。

8-03 滞納の回収方法

滞納を防ぐためには保証会社への加入が必須であるということを述べました。

しかし、中古物件を取得した場合には、既存の入居者が保証会社に加入していないケースがほとんどではないでしょうか。

前項で説明した通り、既存の入居者に対しては保証会社への加入を促すものの、すべての入居者を加入させられるわけではありません。そして保証会社に加入していない入居者が滞納をするケースも多々あります。

その場合には、オーナーさん自ら滞納家賃を回収しなければなりません。ポイントは滞納が始まったらすぐに督促の電話、書面の送付を行うことです。月末に入金がなかったら月初の早い段階で督促をすることによって大きな滞納になることを防ぎます。

しかし、それでも払わない入居者に対しては、現地への訪問も行います。これは実際に家に来られるのは嫌だという心理的プレッシャーをかけることで回収を図ります。

と同時に、連帯保証人がいる場合には連帯保証人に対しても電話、書面による督促を行います。

場合によっては内容証明を送ることもあります。人間にはやはり人に迷惑をかけるのは嫌だという本能がありますので、この段階で支払う入居者がほとんどです。

ただ、それでも連絡が取れなかったり、連絡を無視したりする入居者からは、回収が非常に難しくなります。滞納額は平気で3カ月分、4カ月分と膨らんでいきます。

その際は、家賃回収専門の弁護士事務所に委託する方法があります。現在ではこの分野に特化した弁護士事務所も出てきており、当社ではいくつかの弁護士事務所と提携して家賃の回収を委託しています。委託するに当たっての費用は成功報酬として回収額の30％前後となるのが一般的です。全額回収できないことを考えれば、オーナーさんにとっては良い方法と言えるでしょう。

8-04 滞納以外の不良入居者

滞納の問題が深刻であることをご説明し、いかに滞納を防ぐかについてご説明いたしました。しかし、オーナーさんを悩ませる不良入居者は滞納者だけではありません。

いわゆる**「モンスター入居者」**と言われる不良入居者です。騒音を出したり、ゴミ屋敷にしたりというとんでもない入居者です。

滞納が定量的な面だとすれば、不良入居者は定性的な面の問題です。そして単純なお金の問題ではないだけに余計に厄介です。

しかし、これらの入居者を放置していると、例えばゴミ屋敷による異臭が充満することで他の入居者にもその影響が及び、最悪の場合は周りがみんな退去してしまいます。滞納は、その入居者だけの問題ですが、このモンスター入居者は、周りにも悪い影響を与えるという点では、滞納よりも深刻な問題です。これらの「モンスター入居者」には毅然として対応する必要があります。一日も早く退去してもらわなければオーナーさんの利益は確保できません。次項にていかに退去してもらうかについてご説明いたします。

8-05 不良入居者の「追い出し」はこうする

では、不良入居者の追い出しはどうすればいいのでしょうか。

まず、不良入居者には大きく二種類のパターンがあることをご説明しました。**「滞納者」**と**「モンスター入居者」**です。

滞納者については、保証会社に入っている場合は保証会社が対応しますので、ここでは保証会社に入っていない滞納者への対応です。前々項で法律事務所を使っての回収方法をご紹介しました。しかし、この方法でも回収できない場合があります。その場合は、追い出すしか手はありません。その追い出しの手法には**「法的措置」**と**「任意の話し合い」**という二種類があります。

一つめの「法的措置」は、家賃の不払いや他に迷惑をかけることを理由に裁判所に申し立て、立ち退きの判決をもらう方法です。

これは、時間と弁護士費用（100万円前後）がかかります。また、不払いが1、2カ月分では

法的措置と任意の話し合い

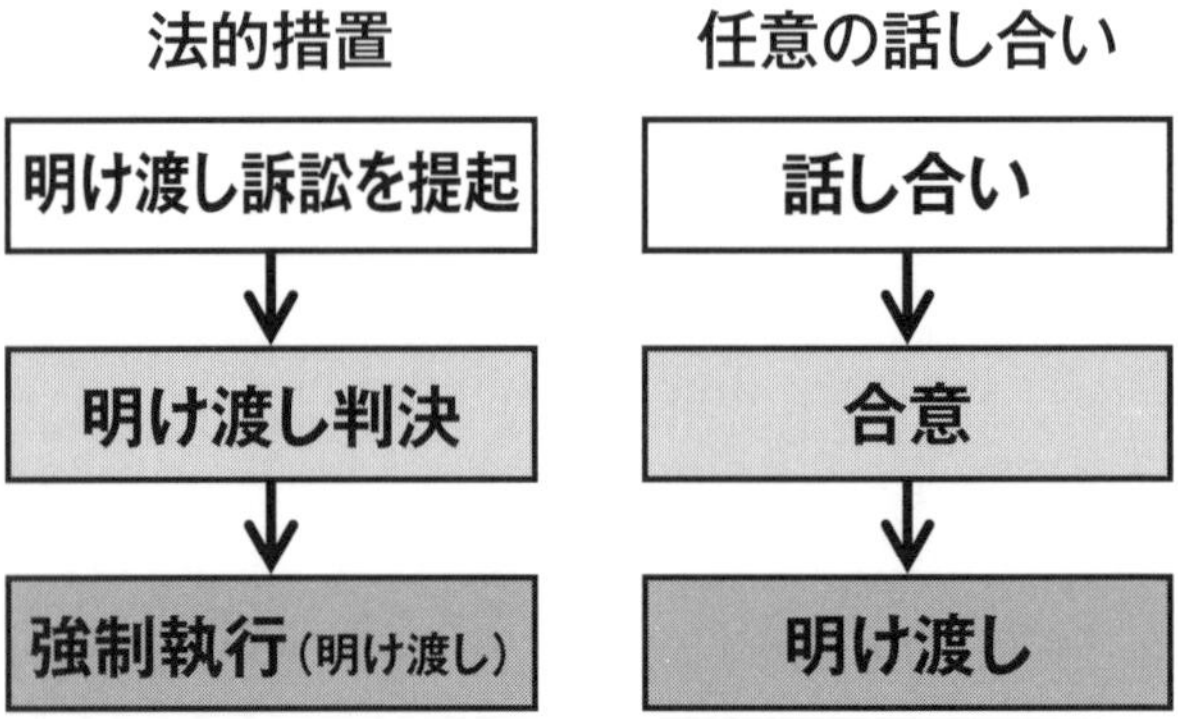

※6カ月～1年が目安

※期間はケースバイケース

裁判所も認めてくれないため、3カ月分以上の滞納に対して申し立てる必要があり、判決が出るのに数カ月かかります。

判決が下れば強制執行となりますが、未収分の家賃は基本的に回収することはできません。基本的にはあきらめるしかないのが実情です。また現実的には、ゴミ屋敷のゴミも入居者に撤去させることはできないでしょう。

二つめは「任意の話し合い」による退去です。話し合いを行って、出て行ってもらうというものです。通常は、オーナーさんもしくは管理会社が行うことになります。

この場合は、話し合いで解決できれば、**法的措置に比べれば時間が短縮できる（最短1カ月未満）というメリット**があります。

ただし、法的措置と同様に未収分の家賃を回収することはまず不可能です。下手をすれば引っ越し代などの名目で退去してもらうため、入居者にお金を払わなければいけないケースも多くあります。まさに「盗人に追銭」です。オーナーさんにとっては「踏んだり蹴ったり」です。しかし、根本的にわが国には、先述した通り借地借家法の存在がありますので、致し方ない部分がどうしてもあるのです。

そして、法的措置にしろ、任意の話し合いにしろ、オーナーさんにとっては別途、対象部屋の原状回復費用がかかります。さらに、空室期間の機会損失が発生し、新規入居者獲得のための広告料もかかります。

不良入居者を入れてしまうということは、オーナーさんにとっては非常に大きなマイナスになることをご理解いただければと思います。

8-06 退去負担金の取り方

入居者が退去するときに支払う原状回復に要する工事費のうち、入居者が負担すべき金額を退去負担金と言います。この**退去負担金をできるだけ多く回収することが、アパート経営においては非常に重要**になってきます。住み方によっては、その原状回復費用だけで100万円近くかかるケースもあるからです。そして、この退去負担金の取りっぱぐれが増えてきているのも事実です。退去負担金を確実に回収するためには、いくつかの工夫を講じなければなりません。

退去負担金は「金額の確定」と「回収」という二つのポイントに分けて考える必要があります。

まずは「金額の確定」です。これは入居者が退去に当たって原状回復費用のうちいくら負担するかということです。

後述するように保証会社を利用することで回収自体に問題はなくても、前提として入居者にいくら支払うということを約束してもらわなければいけません。これが金額の確定です。この金額の確定にはまた二つのステップが重要になります。

一つめは**賃貸借契約書にきちんと負担区分を明記する**ことです。賃貸借契約書への記載がなければ負担区分は曖昧になり、現在の消費者保護の流れの中ではオーナー負担になってしまうケースがほとんどです。

次に退去立ち会いが重要になります。退去立ち会いとは、退去時に入居者立ち会いのもと部屋の中を確認し、どの部分が入居者の過失であるかというのを確認し、サインをしてもらうという行為です。例えば、たばこのヤニによってクロスが黄色くなっていれば、入居者の負担ということになります。

この退去立ち会いのやり方次第で入居者にいくら負担してもらえるか、その金額が決まってしまうのです。ここでサインがもらえなければそもそも債権になりませんので、保証会社の保証の範囲にもなりません。

このように、まずは退去負担金を多く設定し、入居者のサインをもらう（金額を確定する）ことが重要です。

そして、次に「回収」に関してですが、当社は保証会社を利用しています。

現在当社では提携する保証会社と商品を開発し、新規の入居者に関してはこの退去負担金までを保証の範囲としています。これによって退去時に保証会社から退去負担金が入ってきますので、い

退去負担金の例

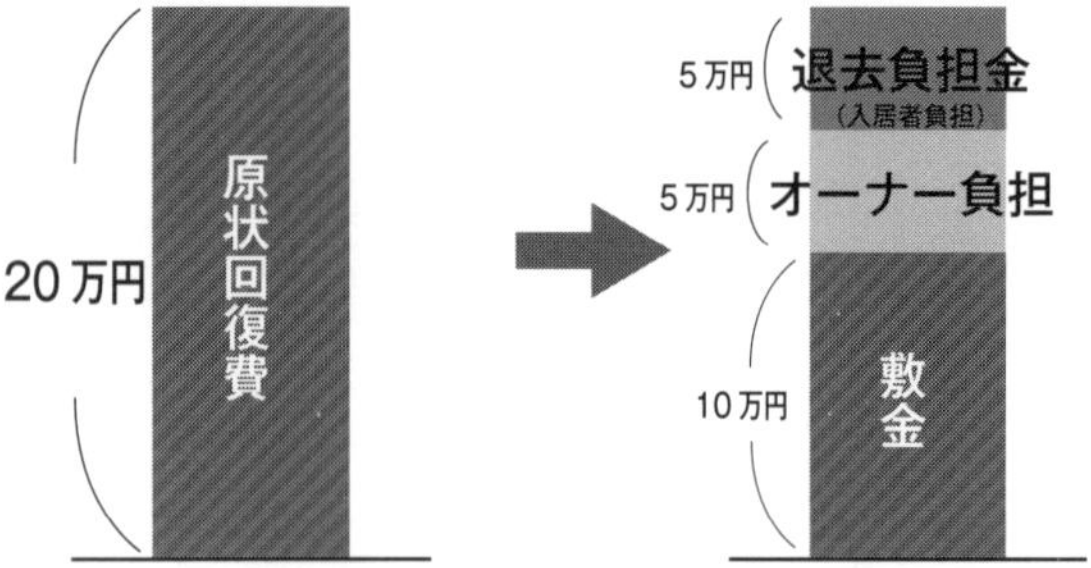

①金額の確定（入居者負担分を多くする）
②保証会社に加入して全額回収する

わゆる取りっぱぐれがなくなります。

また、この**保証会社を利用することにより、初期費用なしで入居者募集ができる**というメリットがあります。敷金とは本来退去したときの負担金を担保する目的で入居者から預りますが、それが保証会社で保証されることによって、敷金を取る必要がなくなります。

「敷金なし」で募集できればリーシングにおける競争力が増し、入居率が向上していくというメリットもついてきます。まして、昨今の不況によって**入居希望者の傾向としては初期費用を軽減したいというニーズが大きくなってきています。**初期費用を抑えること（かつリスクヘッジもできること）が入居者獲得に大きな効果を発揮します。

8-07

各種法定点検と物件巡回は必ず行う

アパート経営を行う上で建物に関する各種法定点検はリスク管理および退去防止という2点から必ず行うべきです。

まず、リスク管理です。アパート経営には所有者リスクというものがあり、それをどうやって回避するかを講じなければなりません。また、管理委託しているオーナーさんはそのリスクをある程度は管理会社に負わせられますが、自主管理のオーナーさんはすべて自己の責任で行わなければならないので注意が必要です。

企業経営と同様、万が一のことがあった場合に、潰れてしまうことがないよう、その万が一に備えるということです。万が一のリスク管理をしていないがために、倒産してしまっては元も子もありません。利益が最大化できなくなるどころかマイナスになってしまいます。

建物に関するリスク管理として挙げられるのは消防点検、貯水槽点検等、法律で定められた、いわゆる法定点検のことです。

これは、意外に実施されていないオーナーさんが多いのが実情です。確かに小さいアパートでは、消防署の検査もほとんどないでしょう。

しかし、消防点検を実施していないがために、火災報知器が故障していることに気づかず、実際に火災が発生してしまった際に、報知器が作動せずに入居者が逃げ遅れ、死亡してしまうといったことが起こり得ることを、忘れてはいけません。

こんなことが実際に起きてしまったなら、オーナーさんは所有者としての責任を問われます。人が亡くなれば、億単位の損害賠償命令が下るでしょうし、火災報知器が作動しないことを知っていた上で放置したとなれば、最悪の場合は刑事罰にも問われることになります。実際に先日、都内の飲食店ビルから火災が発生。死者も出てしまい、業務上過失致死容疑でオーナーが逮捕される事件がありました。そのため、各種法定点検に関しては、最低限きちんと行い、必要な是正工事は速やかに実施することが重要です。

もちろん、その点検のためには多少のコストがかかりますが、リスクヘッジのためには必要なものでしょう。そのコストと万が一の場合のリスクとでは、比較対象にすらなりません。

そして、次に退去の防止です。アパート経営の利益を最大化するためには、先述の通り既存入居者の退去をできるだけ防ぐことが重要になります。きちんとアパートのメンテナンスを行い、入居者に快適に住んでもらえる環境を作ることで長期入居につながり、結果としては利益の最大化になります。その観点からも各種法定点検は必須と言えます。

各種法定点検は必ず行う

- ○消防点検
- ○貯水槽点検
- ○エレベーター点検

etc.

→ **リスク管理**

ところで、物件は常に何かが起こる可能性があり、その可能性をできる限り排除していくことがアパート経営におけるリスク回避につながります。そういう意味では、**日々の物件巡回が重要**になります。

当社では巡回の専門担当者を配置して日々物件を巡回しています。この巡回で物件に不具合のあるところをいち早く発見し、事故を予防するためです。

また、ゴミが落ちていたり、ポストにチラシがたまっていたりすれば、片づけることによって物件がきれいになりますので、入居者満足度が向上して長期入居につながるでしょう（なお、日常清掃はこの巡回とは別に専門の清掃業者に依頼して定期的に行います）。

8-08 賃貸借契約書に明記する事項

本章で滞納への対策を述べてきました。

滞納とは払うべきであるとわかっているのに払わないことですが、そうではなく、「そもそも払う必要がない」もしくは「払う意思はなかった」と契約後に言われるケースについての話です。これは先述の通り、更新料訴訟における「無効」の主張に見られます。また原状回復費用（退去負担金）についても同様の主張をされます。つまり、支払義務自体が争いになります。

このケースを回避するためには、**賃貸借契約書に内容を明記しておく必要**があります。ややこしいのですが、これらは滞納とは性質が異なり、そもそも「契約の無効」を主張してくることに特徴があります。

まず更新料ですが、これは3章のコラムを参照していただければおわかりの通り、平成23年7月15日に最高裁の判決が出たことで、契約書に書いてあれば有効となりました。そのため、賃貸借契約書には、更新料についてははっきりと何年ごとにいくらかかるかを記しておく必要があります。明記さえしておけば、法外な額でなければ入居者は必ず払わなければならなくなります。

次に原状回復費用（退去負担金）についてです。こちらも更新料同様、長い間裁判が行われてきましたが、同じく最高裁の判決が出ています。「賃貸借契約書に明記してある範囲については入居者が負担しなければいけない」という内容です。

ただし、東京ルールや国土交通省のガイドラインを超えて定めたものについては、訴えられた場合、貸主側は敗訴します。それでも、賃貸借契約書に、退去時にクリーニングを行うことや畳の表替えを行うことを明記しておく必要はあるでしょう。これをはっきりと書いていないと、退去時にそれすらも払う必要がないと言われ、貸主側は請求する権利がなくなってしまうからです。

非常に細かい内容ですが、これらを賃貸借契約書に明記することで、後々のトラブルはほとんど回避することが可能となります。

8-09 アパートオーナーとして入るべき保険

次に、アパートオーナーとして入るべき保険について見ていきましょう。保険も、先述の点検の話と同様に、万が一の際の備え（リスクマネジメント）です。

まず、**火災保険**に加入するのは当然であると言えます。

火災というリスクはどの物件にもあるものです。先日、当社の管理物件で火災が発生し、消防車7台が出動する大きな火事になりましたが、火災保険に入っていたために約2100万円の補修費を捻出できた事例がありました。

次に、**地震保険**も大事です。

これは、地震による建物倒壊の際に、火災保険の保険金額の半額までが補償されるものです。地震の起きるエリアと、起きそうにないエリアとがあるものの、基本的には加入したほうが安全ですし安心です。

また地震による津波被害に対しても補償されます。実際、平成23年には東日本大震災が発生していますし、現在のわが国は非常に地震が起きやすい状況にありますから、ご納得いただけると思います。

そしてもう一つ、**施設賠償責任保険**も入るべきでしょう。

これは、例えば強風時に、アパートの看板が落ちて下を歩いている入居者が怪我をしてしまった、浴槽の底が抜けて怪我をしてしまったというように、建物が原因で人や物に損害を与えてしまった場合に適用される保険です。上限は、一般的に1億円までとなっています。

掛け金も安いので、オーナーさんとしては、絶対に加入したほうがよい保険だと言えるでしょう。

また、重要な点はどこの保険会社の保険にどこの代理店を通して入っているかです。地震や火災が起こっても支払われなければ意味がありません。そのためには**支払われやすい保険会社の保険を選ぶことが重要**ですし、発言力の強い代理店を通して入る必要があります。ですので、オーナーさんが個人的に入ることはお薦めできません。スケールメリットを生かせる管理会社を通して入ったほうがよいでしょう。管理戸数の多い管理会社は往々にして発言力が強いためです。

8-10 孤独死に対応する方法

昨今は高齢化や家族関係の希薄化に伴い、孤独死のニュースを頻繁に目にするようになりました。アパート経営においては、もし自分のアパートで孤独死が起こってしまい発見が遅れてしまえば、資産の大幅な毀損となりますので防がなければいけません。

実際当社の管理物件でも孤独死が発生したことがあります。その方は50代の単身の方でしたが、死後3週間で発見されました。亡くなられたのが真冬でしたが住んでいた16㎡のワンルームの部屋を改修するのに150万円ほどかかりました。また、空室期間も長期化し賃料を3割ほど下げることで次の入居が決まりました。

当社で実践する孤独死に対するリスク管理としては、まず入居者保険があります。当社では提携する少額短期保険会社の孤独死に対応した入居者保険を利用しています。これは、万が一入居者が孤独死した場合、オーナーさんが孤独死によって被った損害の補償を受けられる仕組みです。ただし、費用負担はオーナーさんで、1戸当たり3000円程度（一棟単位で加入）かかります。高齢者を入居させる場合には必ず加入することをお薦めします。

孤独死が発見された場合、家賃保証分として最大200万円、原状回復費用相当分として100万円が補償されるかなり手厚い保険です。これによって万が一孤独死が起こってしまっても、原状回復費用および家賃相当額が補償されることになります。

ただ、そうは言っても孤独死は未然に防ぎたいもの。そこで次善の策として、高齢者の単身世帯にセンサーを付けるという方法もあります。費用は大体4万~5万円くらいです。このセンサーは一定時間、人が動かなければ自動的に知らせる機能を備えていますので、入居者の異変にいち早く気付くために有用です。

高齢者人口が全体の25%を占め、今後さらに上昇していくわが国においては、高齢者対策（入居促進）は欠かせません。

その一方で、高齢者ゆえに起こってくる、孤独死というリスクを回避しておく必要があります。本項でご紹介したような保険とセンサーを活用することで、高齢者を入居させることを可能とし、それが、全体的な入居率の向上につながることを知っておいていただきたいと思います。

8-11 サブリース契約の注意点を知っておく

サブリース契約とは不動産管理会社がアパートのオーナーからアパートをまるごと借り上げし、それを不動産管理会社から入居者に転貸（又貸し）をするアパート管理形態です。

オーナーからすれば、毎月空室があるかどうかにかかわらず決まった金額のサブリース料が入るため、収入が安定することから選ばれることが多いです。

ただ、次のようなデメリットもあるため覚えておきましょう。

・保証コストがかかるため、満室の時は、一般的な管理に比べて収益性が下がる
・一定期間ごとにサブリース料が見直され、収入が下がる可能性がある
・オーナー側から解約ができないケースが多い

一点目については、サブリース会社が空室分の賃料保証をするコストをオーナーが負担する仕組みになっているため、物件の収益は下がることを意識しなければいけません。

二点目、三点目についても注意が必要です。当社にも、「30年一括借り上げ」のような言葉で営業されてアパートを建てたものの、実際にはサブリース料を繰り返し下げられる一方で、金融機関

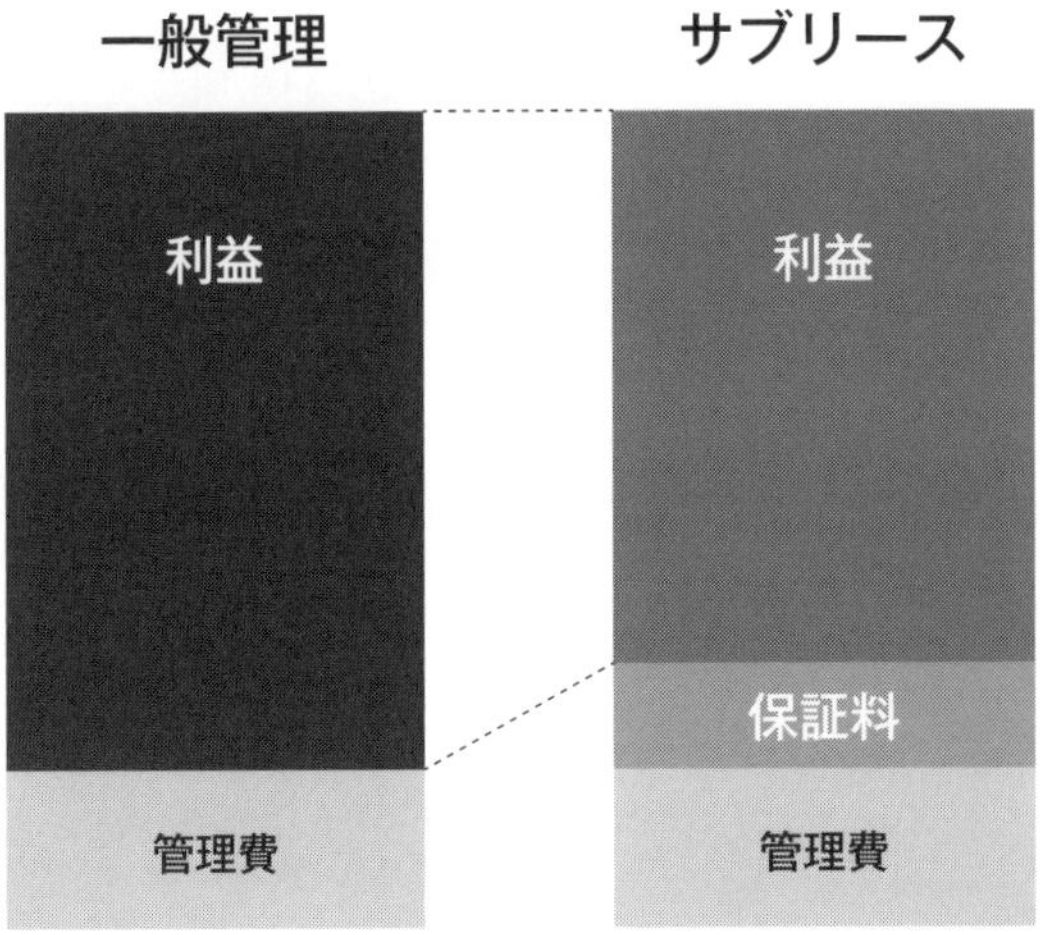

一般管理とサブリースの収益性の比較

一般管理	管理会社へ支払うお金は管理費のみ
サブリース	サブリース会社の経費として空室の保証料（の性格を持つもの）も発生する

以上のような性質から、**サブリースでは利益が少なくなる**

への返済もままならない、という状況でご相談に来られる方がいらっしゃいます。

幸い当社の査定で、空室も埋まりそうな物件で、収益も上げられそう、という結論が出ても、いざサブリースを解約して管理を移管しようとしたときにサブリース会社から「オーナー側からの解約は契約上認められていません」などと通達され、泣く泣くサブリースを続けなければいけない、というケースも出てきています。

サブリースを前提でアパートを建てる場合も、既存の物件をサブリース会社に任せる場合も、前述のようなデメリットが契約内容でカバーできているのかを確認しましょう。いずれにせよ、「収入が安定するから」という理由で安易にサブリースにしないことが大切です。

巻末付録

利益最大化を実現した成功事例

当社の管理物件の事例をご紹介いたします。物件ごとに賃貸営業マンから問題点のヒアリングを行い、実際に対策を立てることで満室稼働およびその後の高稼働(利益の最大化)を実現している実例です。

管理現場の雰囲気を肌で感じてください。

『案内数0、長期空室化物件』

➡募集条件の適正化、
低コストリフォームの
実施により満室を実現

所在地：埼玉県さいたま市西区
駅からの距離：大宮駅徒歩30分以上（バス便あり）
築年：平成2年築（築30年）
構造：木造
間取り：3DK

	受託時	3カ月後
空 室	9／20	▶0／20
入居率	55%	▶100%

1 管理受託前の状況

「一体型」の地場の管理会社に管理を委託し長期空室化となっていた。また管理会社からリフォームを提案されるが、空室が目立ち金融機関への借り入れ返済から資金繰りがうまくいかず、多額のリフォーム費用を捻出できずにいた。

2 ヒアリングで吸い上げた問題点

① 相場よりも高い賃料設定

競合物件の成約条件より、1 万円以上も高い賃料設定であった。

② 仲介会社への周知不足

乗降者数の少ない最寄駅にある地場の管理会社へ任せっきりだったため、ターミナル駅（大宮駅）周辺の仲介会社の営業マンが一人として当該物件の概要を知らなかった。

③ 汚れた内装・陳腐化した設備

室内が汚く印象が悪いだけでなく、設備も時代に合っていないままとなっており、案内されても決まらない部屋であった。

3 対策

① 募集条件の適正化

ターミナル駅（大宮駅）周辺の仲介会社の有力営業マンに対して徹底したヒアリングを実施し、競合物件の成約条件等を徹底的に吸い上げた。

その上で、当該物件の特性を考慮した新条件を設定した。

② 幅広い募集活動

今までは当該物件の認知がなかったターミナル駅周辺の仲介会社はもちろん、最寄駅沿線の仲介会社へ積極的に募集活動を行った。

③ 低コストリフォームの実施

多額のリフォーム費用を捻出できないため、低コストで競合物件と差別化可能なリフォームを実施。具体的にはTVモニターフォン、温水洗浄便座、シャンプードレッサーといった、低コストだが入居希望者に訴求力の高い設備を追加した。

4 結果

今まで周知されていなかったこともあり、募集開始後２週間で多くのお問い合わせが入り、３室の申し込みが入った。その後も順調に申し込みが入り２カ月で満室を実現。

設備の充実化により最終的な歩留率は30%を超え、さらに地場の仲介会社の案内による歩留率は60%を超えた。

5 満室後の状況

満室後もしばらく空室問い合わせが入るように。管理開始から２年が経過するが募集条件を下げずに成約している。

まとめ

募集条件の適正化および幅広い認知がされていなかったことにより、空室の長期化と空室が多いためにリフォームコストをかけられないという悪循環となっていた。決して立地条件の良い物件ではないが、募集条件の適正化、幅広い募集活動そして最低限のリフォームできちんと満室になるという事例。

『滞納者多数、空室多数で収入が入らない』

➡徹底した督促と幅広い募集で
家賃収入大幅増

所在地：埼玉県さいたま市
駅からの距離：浦和駅徒歩７分
築年：昭和62年（築33年）
構造：RC造
間取り：3DK

	受託時		３カ月後
空　室	8／48	▶	0／48
入居率	83％	▶	100％

1 管理受託前の状況

前管理会社がまったく督促を行っておらず、滞納額累積が約2000 万円となっていた。なかには 1 年以上まったく家賃の支払いをしていない入居者もいた。また立地条件・建物グレードは良いものの、募集条件が適正ではなく、長期空室化していた。

2 ヒアリングで吸い上げた問題点

① 仲介会社への周知不足

仲介会社が最寄駅周辺に 40 社超あるエリアにもかかわらず、周知ができていない状況だった。また川口という立地から都内の仲介会社からも客付けできる状況にあった。

② 悪質滞納者の放置

前管理会社から滞納者に対し督促を行っていなかったことが判明。

③ 物件管理状況の悪さ

放置車両が多い、清掃をしていないので汚い等、「管理をされていない」という悪いイメージがあった。

3 対策

① 幅広い募集活動、募集条件の適正化

有力な仲介会社に対しヒアリングを行い、適正な募集条件を設定。その後都内の仲介会社を含め、約200社に募集活動を行う。

② 徹底した督促活動

顧問の弁護士事務所と連携し、滞納者に対し、まずは手紙・電話を使い徹底して督促を行った。その中でも100万円を超える高額滞納者、連絡に出ない悪質滞納者については、弁護士から給与差し押さえの手続きを取る等の手段を駆使した。さらには直接訪問も頻繁に行い、入居者と接触できるまで活動を続けた。

③ 管理状況の改善

FAX・テレアポ・直接訪問による募集方法の多角化。

④諸手続きの簡略化

契約書は当社で作成し、営業マンの作業を簡略化。

4 結果

外観写真を含めた案内ブックを配布することで、物件の悪いイメージを払拭。さらに適正な募集条件を設定したことにより、募集開始後２カ月で満室を実現。また過去の高額滞納分として 1000 万円以上の回収に成功。軽微な滞納も改善され、特に悪質な滞納者については追い出しを行うことで正常化した。管理開始後３カ月で家賃収入が 100 万円増加した。

5 満室後の状況

満室時でも問い合わせの入る人気物件に。一部の部屋については退去後高い賃料で募集を行い、賃料 UP に成功する。

まとめ

立地、建物は素晴らしい物件でも管理のやり方によっては、うまくいかない事例。空室は事例①同様、募集条件の適正化と幅広い募集で問題なく埋まったが滞納は非常に大変な問題だった。特に過去の滞納分を回収するのは非常に大変となり、弁護士と連携して進める必要があり、現時点で半分（2000 万円のうち 1000 万円）ほど回収できた状況。滞納は早めの対応が非常に大切であるということを示す事例。

『全空き、築古、狭小3点ユニット』

➡ 3点ユニットを安価な費用でデザイナーズ風に。デメリットを克服し早期満室を実現

➡ 広告料3カ月分による仲介専業会社の囲い込みに成功。早期満室と成約賃料20%増を実現

所在地：東京都板橋区
駅からの距離：徒歩17分
築年：昭和63年（築32年）
構造：木造
間取り：1K

	受託時		1カ月後
空室	12／12	▶	0／12
入居率	0%	▶	100%

1 管理受託前の状況

築32年になる木造アパート。経年劣化による物件の傷みも激しく、管理受託時には全戸空室となり、これから先の見通しも一切立たない状況であった。

2 ヒアリングで吸い上げた問題点

① 外壁塗装の劣化、3点ユニット

外装の劣化はもちろん、狭小3点ユニットという条件のため内見はおろか案内すらままならない状態だった。

② 仲介会社への周知不足

駅から徒歩17分と遠いこともあり、地場仲介会社のみならず、都心部の仲介専業会社への周知もなされていなかった。

3 対策

① 修繕およびリフォームの実施

外壁大規模修繕、３点ユニットデザイナーズリフォームトレンド、資産価値向上の各視点から選定した複数のカラーシミュレーションを作成し、その中から最も人気の高い色を採用。また人気のない３点ユニットをダイノックシートとワイドミラーでデザイナーズ風にした。案内時の第一印象をよくすることで、案内数のベースアップを図った。

② 都内ターミナル駅周辺の仲介会社への周知徹底

板橋区内の仲介会社だけではなく、都内ターミナル駅周辺の仲介会社へも直接訪問を徹底して行った。

③ 広告料の UP

都内の広告料の相場が１カ月分の中、広告料を３カ月分にした。

4 結果

①外装、浴槽の写真を入居希望者に見てもらえるよう案内ブックを作成。築古・３点ユニットというイメージを払拭することに成功。

②当社の仲介会社への延べ訪問数は 500 社を超え、結果、募集開始後次々に申し込みをいただき、全空き物件が約１カ月

で満室となった。

仲介会社の窓口を広げ、徹底的な周知活動を行うとともに、仲介の営業マンに対する報酬（広告料）を上げることで最優先に紹介してもらう仕組みを構築することに成功。

また、広告料の影響はそれだけに及ばず、当初試験的に管理受託時の募集賃料より 20%も高い賃料で募集を開始したところ指値なしで成約することができ、物件の資産価値が取得時よりも大幅に向上する結果となった。

5 満室後の状況

満室後も各エリアから空室問い合わせが入るようになる。そのため退去予告が入った段階で募集依頼をかけてもすぐに申し込みが入るようになった。

まとめ

都内の物件においては多少条件が悪くても（駅から遠くても）、幅広い募集と広告料を多めに払うことで簡単に満室が実現できるという事例。また、広告料を大幅に上げる（3 カ月分）ことで、相場賃料より高く成約することができた。賃料の UP は資産価値の上昇となるので非常に有効な手法と言える。

おわりに

最後までお読みいただきありがとうございました。

当社が実践しているプロパティマネジメント（アパート経営）の内容を本書にて可能な限り公開しました。すべて現場にて実際に行っている実例ですので、実践的な内容となっています。この内容を参考に、ご自分で管理されるも良し、物件の所在するエリアでこのような不動産会社（管理会社）を探すも良し、今後のアパート経営に生かしていただければ幸いです。

繰り返しお話しさせていただいた通り、アパート経営は今後受難の時代を迎えます。しかし、逆の発想をすれば、このタイミングでアパート経営を見直し、しっかりとした経営をすれば勝ち組として賃貸市場における絶対の優位を築くことも可能です。

要はオーナーさんの意識次第、取り組み次第と言えます。

ぜひあなたには、アパート経営において利益の最大化を実現していただきたいと願っています。

そして、利益の最大化を実現することで、自らの将来に対する「安定」を手に入れることが可能になるはずです。最終的な目的である「人生の安定」を手に入れるためにアパート経営における利益の最大化を実現する必要があると言えます。

本書を執筆するに当たり、前著『年収１０００万円から始める「アパート事業」による資産形成入門（改訂版）』同様、幻冬舎メディアコンサルティングの皆様には大変お世話になりました。この場を借りて御礼申し上げます。

また、当社に管理をご依頼いただき、一緒にアパート経営に取り組んでいるオーナーさん（現在約1000名）に感謝申し上げます。少しでもオーナーさんの利益を高めるための試行錯誤の結果（もちろん日々模索中ですが）が本書のノウハウとして結実しています。そして、日々オーナーさんの利益最大化のために夜遅くまで頑張っている武蔵コーポレーションの社員のみんなに心から感謝したいと思います。

なお、「はじめに」でも書きました通り、賃貸管理の世界は日進月歩の世界です。現在お伝えできることは本書に余すところなく書き入れたつもりですが、日々進歩していかなければこれからの賃貸経営はやっていけません。次にお伝えするときにはまた内容が変わっていると思いますし、変わらなければいけないと思っております。次回また我々の書籍をお読みいただくことがあれば、ぜひご期待ください。

本書の内容が少しでもアパート経営のお役に立てれば、これほどうれしいことはございません。

令和3年4月　太田大作

大化」を実現する7つの方程式

方程式⑤ 「成約数最大化」の方程式

入居者数（成約数）＝ 案内数 × 歩留率

方程式⑥ 「リフォーム利回り」の方程式

「リフォーム利回り」＝

$$\frac{\text{賃料増加分}^{※} \times 12\text{カ月}}{\text{工事費}} \times 100\%$$

※賃料の増加分、もしくは下落抑制分

方程式⑦ 「リフォーム必要性判定」の方程式

「リフォーム利回り」≧ 取得時利回り
（売却時想定利回り）
⇒有効　○

「リフォーム利回り」＜ 取得時利回り
（売却時想定利回り）
⇒不要　×

武蔵コーポレーション流「利益最

方程式①　「アパート事業」の方程式

アパート事業 ＝ 投資 ＋ 経営

方程式②　「アパート事業利益最大化」の方程式

アパート事業の利益 ＝
（売却額 － 取得額）＋（収入 － 支出）

方程式③　「保有期間中利益最大化」の方程式

保有期間中の利益 ＝ 収入 － 支出

方程式④　「手取り収入最大化」の方程式

収入 ＝ 売上（契約賃料等）× 回収率
※更新料、礼金等含む

○参考文献

『年収1000万円から始める「アパート事業」による資産形成入門（改訂版）』
大谷義武（幻冬舎メディアコンサルティング）
『ビルオーナーのためのプロパティ・マネジメント入門』
三菱信託銀行不動産コンサルティング部（東洋経済新報社）
『【Q&A 大家さんの税金】 アパート・マンション経営の税金対策―不動産所得の税務計算から確定申告・相続・譲渡まで』
鵜野和夫（プログレス）

○注意

本書は情報の提供及び学習を主な目的としたものであり、著者独自の調査に基づいて執筆されています。実際の投資・経営（管理運営）の成功を保証するものではなく、本書を用いたアパート事業は必ずご自身の責任と判断によって行ってください。本書の内容に関して経営した結果については、著者及び株式会社幻冬舎メディアコンサルティングはいかなる責任も負いかねます。なお、本書に記載されているデータや法令等は、いずれも執筆当時のものであり、今後、変更されることがあります。

著者プロフィール

大谷義武（おおや よしたけ）

昭和50年　埼玉県熊谷市生まれ。東京大学経済学部卒業後、三井不動産株式会社に入社。同社にて商業施設（ショッピングセンター）やオフィスビルの開発・運営業務に携わる。平成17年12月同社を退社し、さいたま市において有限会社武蔵コーポレーション（現在は株式会社）設立。代表取締役に就任。賃貸アパート・マンション（収益用不動産）の売買・仲介に特化した事業を開始する。

太田大作（おおた だいさく）

昭和52年　東京都葛飾区生まれ。28歳の時に区分所有の物件を購入し、不動産投資を始める。平成18年創業期の武蔵コーポレーションに入社し、現場責任者として賃貸アパート・マンション（収益用不動産）の売買・仲介業務に携わる。特にリフォームに関しての経験は豊富で、現在までに2000室以上の収益用不動産の再生（リフォーム・改修工事）に携わっている。再生後の物件入居率は99%を誇る。

武蔵コーポレーション株式会社
関東を中心に賃貸アパート・マンション（収益用不動産）の売買、仲介、賃貸管理に特化した事業展開を行っている。資産形成および資産保全のパートナーとして数多くの収益用不動産を購入したい方、活用したい方のサポートを行っている。「オーナーの利益最大化」をスローガンに業界では珍しいプロパティマネジメント（PM）方式を採用した独自ノウハウによる管理システムを構築。自社管理戸数は約20000戸で入居率は96%を超える。また、オーナーのためのコミュニティーである「武蔵コーポレーションオーナーズクラブ」を主宰している。

東京都千代田区丸の内1-11-1 パシフィックセンチュリープレイス丸の内29階
Tel 03-6206-3550　Fax 03-6206-3560
E-mail　info@musashicorp.jp
http://www.musashicorp.jp/

装丁／佐々木博則

本書についての
ご意見・ご感想はコチラ

[増補改訂版]
空室率40％時代を生き抜く！
「利益最大化」を実現する
アパート経営の方程式

2021年5月28日　第1刷発行

著　者　大谷義武　太田大作

発行人　久保田貴幸

発行元　株式会社 幻冬舎メディアコンサルティング
〒151-0051　東京都渋谷区千駄ヶ谷4-9-7
電話　03-5411-6440（編集）

発売元　株式会社 幻冬舎
〒151-0051　東京都渋谷区千駄ヶ谷4-9-7
電話　03-5411-6222（営業）

印刷・製本　シナノ書籍印刷株式会社

検印廃止

Printed in Japan
ISBN 978-4-344-93246-3 C2033
幻冬舎メディアコンサルティングＨＰ
http://www.gentosha-mc.com/